Über den Inhalt: »Wir leben von dreißig Zentimetern«, so tief ist jener Bereich des Bodens, von dem Wachstum und Wohlbefinden der Pflanzen und Bäume und damit auch der Menschen abhängen. Entscheidend dabei ist der Zustand der Wurzeln. Durch eine einfache Kontrolle läßt sich feststellen, inwieweit der Boden noch lebt. Schäden werden durch Menschen verursacht, indem sie das Land falsch bewirtschaften. In diesem Buch werden erprobte Vorschläge gemacht, wie im Garten, in der Landwirtschaft und im Wald der Boden durch eine ökologisch sachgerechte Pflege wieder gesunden kann.

Über den Autor: Gerhardt Preuschen, geb. 1908, promovierter Landwirt, Studium des Maschinenbaus. Freie landwirtschaftliche Beratung. Bis 1976 Direktor des Max-Planck-Instituts für Landarbeit und Landtechnik. Zahlreiche Publikationen. Mitglied des Kuratoriums der Stiftung »Ökologischer Landbau« (Kaiserslautern).
Unter Mitarbeit von: Ulrich Hampl, geb. 1960, Studium der Landwirtschaft in Freising-Weihenstephan; Betreuer des Forschungsprojekts »Bodenentwicklung« in Württemberg, das von der Stiftung Ökologischer Landbau (Kaiserslautern) getragen wird.
Andrea Mathy, geb. 1955, Buchhändlerin, Studium der Germanistik und Kommunikationswissenschaften in München; freiberuflich tätig als Lehrerin und als Journalistin.

Gerhardt Preuschen

Das neue Bodenbuch

Ein Handbuch für Landwirte,
Gärtner und alle,
die die Natur lieben

Unter Mitarbeit von
Ulrich Hampl und
Andrea Mathy

Fischer
Taschenbuch
Verlag

fischer alternativ
Eine Reihe des Fischer Taschenbuch Verlages
Herausgegeben von Rudolf Brun

Originalausgabe
Veröffentlicht im Fischer Taschenbuch Verlag GmbH,
Frankfurt am Main, November 1988

© Fischer Taschenbuch Verlag GmbH, Frankfurt am Main 1988
Umschlagentwurf: Peter Hajnoczky, Zürich
Gesamtherstellung: Clausen & Bosse, Leck
Printed in Germany
ISBN 3-596-24062-X

Inhalt

Vorwort 7

1. Unsere Umwelt
Die Lebenselemente Erde, Luft und Wasser 12
Die Ökosysteme 14
   Die »Spielregeln« im Ökosystem 15
   Gase als Nachrichtenübermittler? 18
   Was ist Krankheit? 18
   Stoffe und Energie im System 20
Die Grundlage allen Lebens ist die lebendige Erde . . 22
   »Mutter Erde« 23
Der Mensch wird seßhaft –
der Eingriff des Bauern hat Folgen 26

2. Wir leben von dreißig Zentimetern
Die heutige Situation der Böden 31
   Und der Waldboden? 34
Die Bodenkontrolle 37
Die Grundsätze des Bodenaufbaus und der
Bodengesundung 45

3. Was wir tun können
Im Garten 49
   Im Ziergarten 50
      Rasen oder Blumenwiese? 53
   Im Gemüsegarten 54
      Lockern 56
      Lebendverbauung 58
      Der Gartenplan 62
      Wasser im Garten 66

In der Landwirtschaft 68
   Die Umstellung auf ökologische Bewirtschaftung . 71
      Die Schritte der Rekultivierung 72
   Was bauen wir an? – Die Fruchtfolge 78
      Warum Fruchtfolge? 78
      Zwischenfruchtbau als Fruchtfolgeglied 80
   Wie entsteht eine Fruchtfolge? 81
   Wie bauen wir an? – Technik, Methoden, Maschinen
      Bodenbearbeitung 83
      Bestellung, Pflege 85
      Bodendruck 86
      Wie ein Schlepper sein sollte 89
   Wir füttern den Boden – Düngung, Gründüngung . 89
      Mineralische Düngung 91
      Organische Düngung 92
      Gründüngung 96
   Futterbau, Grünland, Unkraut 98
      Futterpflanzen – auch der Boden wird gefüttert . 102
      Untersaat – hohe Kunst des Futterbaus 103
      Grünland braucht Pflege 104
      Ein paar Bemerkungen zum Unkraut 105
Im Wald 106
   Todkranker Boden läßt den Wald sterben 107
   Wald und Klima 110
   Rekultivierung geht alle an 113
   Vorschlag zur Waldbodenrekultivierung 114
   Ein paar Worte zur Technik 116

Glossar 121

Vorwort

Wieviel haben die Menschen schon über Pflanzen nachgedacht, wie viele Bücher sind schon über Pflanzen geschrieben worden – aber die meisten Überlegungen hören mehr oder weniger an den Wurzeln auf. Dabei hat man schon früher geahnt, daß der Wurzel eine ganz besondere Bedeutung zukommt. In den Märchen ist es eine »Springwurzel«, durch deren Berührung die Schatzkammertüren aufgehen, aus verzweigten Wurzeln hat man Alraunen zurechtgemacht, aber die Wissenschaft hat sich nur mit der medizinischen Nutzung von Wurzeln oder mit ihrer Verwendung zur Schnapsaromatisierung beschäftigt. Der Volksmund hat sehr früh die richtige Vorstellung gehabt, wenn er die Ursache eines Schadens als »die Wurzel allen Übels« bezeichnet.

Das trifft auch für die heutige Situation der Natur voll zu.

Wir haben uns bemüht, in diesem Buch unsere Kenntnisse über Wurzeln und ihre Bedeutung als Bindeglied zwischen dem oberirdischen Leben und dem Bodenleben darzustellen. Nur durch die Darstellung beider Bereiche, ihrer Verbindungen und Möglichkeiten kann man den Reichtum des Lebens deutlich machen, aber auch die Vorbedingungen von Leben aufdekken. Wir können mit diesen Betrachtungen über Wurzeln und Bodenleben erklären, warum Arten verschwinden, warum Böden versagen, warum unser Wasser an Menge und Güte nachläßt, warum in unserer Umgebung die Natur Sterbezeichen trägt. Wir wollen aber auch zeigen, daß diese Schäden auf Fehler des Menschen zurückzuführen sind und wie jeder, der mit der Natur und dem Boden zu tun hat, die Fehler, die er bisher gemacht hat, vermeiden und neues Leben wieder in Gang setzen kann.

Das Buch enthält Vorschläge zur Wiederbelebung des Bodens, die zwar auch mit der dazugehörigen Theorie untermauert sind, aber aus der Praxis eines sehr langen Lebens und der Erfahrung im Umgang mit Böden aus vielen Gegenden dieser Welt stammen. Alle Vorschläge sind praktikabel. Sie sind geprüft, und jeder, der sich einmal damit beschäftigt hat, wird sie schnell in die Praxis übernehmen können.

Möge dieses Buch die Menschen aus ihrer Angst, ihrer Lethargie, ihrem Pessimismus herauslösen und sie zu einem neuen Mitgehen mit der Natur veranlassen. Wenn viele mitarbeiten, kann neue Fruchtbarkeit entstehen, kann die Natur gesunden.

Ziegelsdorf, im Januar 1988   Gerhardt Preuschen
Andrea Mathy
Ulrich Hampl

1. Unsere Umwelt

Als vor etwa 25 Jahren die Umweltdiskussion begann und unsere Umwelt in den Blickpunkt aller rückte, sah vieles noch harmlos aus. Man konnte zwar schon sehen, daß Flüsse und Seen verschmutzt waren, und der Dunst, der über den Städten hing, war unerfreulich. Man glaubte aber, daß das schnell wieder in Ordnung zu bringen wäre. Wenn erst überall Kläranlagen gebaut wären, würden die Flüsse und Seen von alleine wieder sauber sein, und den Dunst über den Städten könnte man doch sicher ausfiltern. Es entstanden die ersten Umweltprogramme, für die Reinhaltung der Luft wurden bestimmte Werte festgesetzt, allmählich wurden da und dort Filter eingebaut. Die Bundesbahn tat das Ihre und stellte fast alle Strecken auf elektrischen Antrieb um, die rauchenden Lokomotiven verschwanden.

Die Mehrzahl aller Europäer wohnte damals schon in Städten, die jüngere Generation war bereits im Stadtbereich aufgewachsen. Das städtische Grün beschränkte sich auf wenige Anlagen in der Häuserwüste, die freie Natur sah man im Urlaub, wenn man ihn nicht gerade am kahlen Sandstrand ohne jegliches Grün verbrachte. Die Umwelt des Menschen bestand mehr und mehr aus leblosen Zivilisationsgütern. Der Lärm, vor allen Dingen durch den Verkehr, wurde immer unerträglicher, hier mußte Abhilfe geschaffen werden. Gegen Verkehrsgefährdungen errichtete man Schilder, verbreiterte man Straßen oder untertunnelte sie und erfand Spielstraßen. Vor die bedrückenden, einfallslosen Betonfassaden wurden sogar da und dort Bäume gepflanzt, bunte Anstriche und schließlich eine menschengerechtere Architektur versprachen Besserung. Es schien einfach, einmal erkannte Fehler mit gutem Willen und Druck auf die Politiker wieder in Ordnung zu bringen.

Der saubere Himmel über London gab Anlaß zum Feiern

und wurde Werbeslogan für die Touristik, ähnliches geschah im Ruhrgebiet und in anderen Großstädten. Viele andere Umweltgefährdungen, an denen viele Menschen beteiligt waren, machten jedoch weiterhin Schwierigkeiten: Die Verbreiterung der Straßen führte nur zu höheren Geschwindigkeiten und noch mehr Autos, die Verkehrsgefährdung in den Städten nahm wenig ab. Die Abholzung von Straßenbäumen brachte auch außerorts höhere Geschwindigkeiten mit sich, worunter besonders wildlebende Tiere zu leiden hatten.

In dieser Situation appellierten Politiker an die Vernunft der Bürger, da sie selbst keine Lösung für diese Probleme hatten. Doch wo es um den Eigennutz des einzelnen geht, ist die Vernunft kein wirksamer Helfer. Es mehrten sich die Warnungen über die Grenzen des Wachstums, wie in den Berichten des Club of Rome, aber es erhoben sich immer auch Gegenstimmen, die die Menschen beruhigten. So waren sicherlich in diesem Jahrhundert keine Mangelerscheinungen bei Erzen oder erschöpfbaren Energievorkommen zu erwarten. Das Zuendegehen der Rohstoffvorräte würde erst die Enkel oder Urenkel treffen, gleichzeitig wurden einige Ersatzstoffe gefunden.

Warnungen der Natur wie der zunehmende Artenschwund wurden nicht genügend wahrgenommen – die Menschen kannten viele Tiere und Pflanzen sowieso nur aus Schulbüchern, daher blieb die Verarmung selbst unserer nächsten Umgebung so gut wie unbemerkt. Und wenn eine Warnung laut wurde, erschien als Trost in der Presse zum Beispiel der Hinweis auf das Mammut oder den Höhlenbären, die verschwunden waren, ohne daß Schäden sichtbar wurden. Selbst als die Nöte umfassend im Umweltbericht des Rats für Umweltfragen 1979 der Öffentlichkeit vorgelegt wurden, wurden Ergebnisse verharmlost und eventuelle Lösungen der nächsten Generation zugeschoben.

Diesen selbstgefälligen Optimismus einer Zeit, die von Wissenschaft und Technik erwartet, daß sie alle Wünsche erfüllen können, traf Anfang der achtziger Jahre die Nachricht vom Waldsterben wie eine Bombe. Doch auch hier wurden die

Naturbeobachter rasch als Schwarzmaler deklassiert. Die zuständigen Ministerien beeilten sich, die Waldschäden als nebensächlich, in geringem Umfang auftretend und nur auf wenige Standorte beschränkt herunterzuspielen. Beispielsweise hat Bundeslandwirtschaftsminister Ertl noch 1982, als die Schäden an über 35 Prozent aller Bäume auch für den Laien sichtbar waren, diese mit 7 Prozent beziffert.

Aber nun kamen die Hiobsbotschaften von allen Seiten. Die skandinavischen Länder beklagten nicht nur das Waldsterben, sondern auch das Umkippen ihrer Gewässer, die früher mit beispielloser Reinheit den Urlauber beglückt hatten. Sie nannten auch zuerst die Ursache: zu hohe Schornsteine, mit denen der Dreck in hohe Luftschichten verbracht und in der Folge so fein verteilt wurde, daß der Erzeuger und seine Umgebung nur noch wenig spürten, aber dafür die weitere Umwelt um den halben Erdball herum belastet wurde.

Trotz der Ratlosigkeit waren sich die Forstleute darin einig, daß die Luftverschmutzung am Bäumesterben maßgeblich beteiligt sei. Bald aber zeigte sich, daß die hohen Schornsteine nicht nur dazu führten, daß Schmutz und giftige Abgase über große Gebiete verteilt wurden, sondern daß die wesentlich längere Verweildauer der Schadgase im Heißluftstrom und ihr Verbringen in andere Luftschichten zu völlig unkontrollierbaren Umsetzungen führten, von denen auch bis heute erst wenige aufgeklärt sind.

Zu den Abgasen der Fabrikationsanlagen kamen die Abgase der Müllverbrennung, der Kernkraftwerke und schließlich die Abgase aus dem Verkehr. Doch über das Zusammenwirken all dieser Stoffe ist zu wenig bekannt. So können selbst harmlose Substanzen in Verbindung mit anderen zu Schadstoffen für den Boden werden, wo letzten Endes die Luftverunreinigungen zur *Abpufferung* hingelangen. Zunehmende Veränderungen in der Zusammensetzung der Luft, von der Wissenschaft schon länger entdeckt, rückten in das öffentliche Interesse, auch wenn noch niemand recht wußte, welche Auswirkungen sie auf den Menschen und auf das Leben auf der Erde überhaupt haben.

Bei näherer Betrachtung brachte das Bäumesterben in jüngster Zeit die Erkenntnis, daß der letzte Anstoß vom Boden ausgeht und daß zuerst der Boden stirbt und dann die Pflanzen, die auf ihm wachsen. In die gleiche Richtung wiesen die Beobachtungen des Wassers, denn trotz aller Kläranlagen blieb der Zustand der Gewässer oft unbefriedigend. Wohl gab es wieder Fische, aber nur in begrenzter Artenzahl, und sie enthielten oft so viel Schadstoffe, daß vom Genuß allgemein abgeraten wurde. Auch die Belastung des Trinkwassers stieg bedrohlich, vor allem mit **Nitrat***. Schließlich überstieg die Zahl der Schadensmeldungen mit bekannten und unbekannten Ursachen das Begriffs- und Erinnerungsvermögen der Menschen.

Wie sollte man für all diese Fehler, die gemacht worden waren, jetzt Abhilfe schaffen? Wie hatte es dazu kommen können, daß ganze Kettenreaktionen ohne vorherige Warnung durch die Wissenschaft ausgelöst worden waren? Durch die Anreicherung von Giftstoffen wie Schwermetallen und **Pestiziden** in der Nahrung von Tieren kam es zu einer mehrfach verstärkten Anreicherung in der menschlichen Nahrung und zu Einlagerungen im Körper des Menschen. Hier mußten natürliche Regeleinrichtungen geschädigt worden sein, die bisher Pflanze, Mensch und Tier vor solchen Stoffen bewahrt hatten, Einrichtungen, die vielleicht sogar Voraussetzung für das Leben auf dieser Welt sind.

Die Lebenselemente Erde, Luft und Wasser

Die Einteilung der Welt in die drei Lebensräume Erde, Luft und Wasser, meist Elemente genannt, gehört zu den frühesten überlieferten Weisheiten der Menschheit. In der Schöpfungsgeschichte ist beschrieben, wie diese drei Elemente dem Leben zugeordnet und Bestandteile von ihm werden, nachdem sich in der Urentwicklung unseres Planeten die Lufthülle gebildet

---

* Die **halbfett** gesetzten Begriffe werden im Glossar auf S. 121/122 erläutert.

hatte, Land von Wasser geschieden war. Erst dann begann das Wunder des Lebens.

Alle Elemente bilden belebte Räume und gehören deswegen zusammen zu dem großen System des Lebens unseres Planeten. Die älteren Religionen stellten sich die einzelnen Lebensräume beseelt vor, etwa mit Luft- und Wassergeistern und Erdmännchen. In der christlichen Gotteslehre sind sie Gottes Schöpfung, von ihm abhängig und damit auch Lebensraum des Menschen. Nach Gottes Willen soll dieses Leben ewig währen, diesem Ziel dienen die Elemente mit allen ihren Lebewesen. Gottes Wille ist es auch, daß der Mensch in der Schöpfung lebt, sich vermehrt und daß er seine Aufgabe darin sieht, dem Leben zu dienen und damit allen anderen Geschöpfen zu helfen, die ihm untertan und in seine pflegende Hand gegeben sind.

So stellen die drei Elemente die Lebensräume dar, jedes autonom und doch miteinander verknüpft, in denen der Mensch mit allen anderen Lebewesen zusammenlebt. Die alten Griechen fügten ein viertes Element hinzu, das nicht aus der göttlichen Schöpfung stammte. Es hatte einen tiefen Sinn, daß dem Menschen das Feuer durch einen Halbgott gegen den Willen der Götter gebracht wurde, die voraussahen, daß der Mensch damit viel Unheil anrichten und Lebensgrundlagen zerstören könnte. Deshalb wurde der Überbringer des Feuers im Mythos an einen Felsen geschmiedet, und die Adler des Zeus sollten verhindern, daß er sich noch einmal befreite. Denn die Energie, für die das Feuer Symbol ist, ist dem Menschen nur zu einem kleinen Teil zugemessen.

Das Feuer verzehrt die Energie der Sonne, die, vom grünen Blatt aufgenommen, in pflanzliche Stoffe umgeformt wird. Diese Energie, die in den pflanzlichen Stoffverbindungen gespeichert ist, soll allen Pflanzen, Tieren und Menschen dienen. Verbraucht der Mensch zuviel davon, fehlt die Energie im Lebensablauf anderer Organismen, die diese Energie entweder direkt verwerten oder von der Umwandlung der Energieform leben. Jede Verbrennung ändert die stoffliche Zusammensetzung der Elemente Erde, Wasser, Luft. Verbrennt der Mensch zum Beispiel zuviel Holz, verändert er das Gleichgewicht zwischen Sauerstoff und Kohlendioxid in der Luft, er nimmt dem **Bodenleben** wertvolle Umsatzstoffe, und er vermindert indirekt in der Luft und im Boden Voraussetzungen für die Reinhaltung des Wassers.

Vielleicht darf der Mensch, solange es ihn auf der Welt gibt, ein wenig mehr Energie verbrauchen, als ihm täglich durch Pflanzenleben zuwächst, aber auch die Entnahme aus fossilen Vorräten ist begrenzt und muß im Sinne aller Lebewesen richtig und sparsam betrieben werden.

Die Ökosysteme

Der Mensch früherer Zeiten mag sich mit der mythologischen Vorstellung der Elemente als Ausprägung der göttlichen Weltordnung begnügt haben. Seine Einordnung war für ihn Unterwerfung, für seine Fehler, die er immer wieder begangen hat, erwartete er mit Recht eine Strafe. Er war als Mensch auf jeden Fall mitverantwortlich und mußte die Folgen dulden. Die Griechen nannten Odysseus den göttlichen Dulder, im Alten Testament ist es Hiob, in Indien Buddha, der das Leid als Strafe auf sich nimmt. Der heutige Mensch, gewohnt, überall in seinem Sinn einzugreifen und sich nicht einem Mythos zu unterwerfen, möchte mehr über die Lebensgesetze wissen. Die Wissenschaft hat sich bemüht, dieses Wissen bereitzustellen.

Erde, Wasser, Luft sind vielfältig untersucht, die Stoffe, soweit sie der Analyse des Wissenschaftlers zugänglich sind, sind benannt und gemessen. Die Wissenschaft kann heute sogar noch die stoffliche Zusammensetzung der Elemente vor einigen hundert Jahren feststellen und mit den jetzigen Ergebnissen vergleichen. Man bedient sich dabei vorwiegend chemisch-physikalischer Meßmethoden. Die einzelnen Lebensvorgänge, die in den Elementen ablaufen, sind noch weitgehend unbekannt; noch weniger bekannt sind die Mechanismen, wie die Elemente in ihrer ganz besonderen Zusammensetzung und Aktivität ständig gleich am Leben erhalten werden und wie ihre Stabilität über Jahrtausende gewahrt wird. Daß in jedem Element sehr viele spezifische Lebewesen zusammenarbeiten und daß es kleinräumig fixierte Unterschiede gibt, wurde allerdings schon zu Beginn dieses Jahrhunderts entdeckt.

Für dieses Erscheinungsbild hat man den Begriff *Ökosystem* geprägt. Aus verständlichen Gründen hat man zuerst einfache Ökosysteme wie das Grenzsystem zwischen trockenem Erdreich und Wasser, also kleine Seen bzw. Uferränder, genau beschreiben können. Sie sind leicht überschaubar, weil sie zwei verschiedene Elemente miteinander verbinden. Über den inneren Ablauf in den Systemen wissen wir aber noch sehr wenig. Hier müssen wir uns mit logischen Ableitungen begnügen, die sich aus dem System als solchem ergeben.

Der Mensch selbst hat technische Systeme entwickelt, die jedoch im Vergleich zu den biologischen Systemen nur sehr primitiv aus wenigen Gliedern zusammengesetzt sind. Immerhin funktionieren diese technischen Systeme, sei es ein Fabrikationssystem für einen sehr vielseitig zusammengesetzten Gegenstand wie das Automobil oder ein Rechensystem wie ein großer Computer.

In beiden gibt es wesentlich weniger innere Vorgänge und gegenseitige Verknüpfungen als in einem einzigen grünen Blatt, geschweige denn im Ökosystem eines Ackerbodens. Das Ziel, Leben ewig zu erhalten, wird im Ökosystem dadurch erreicht, daß sich alle Lebewesen durch Fortpflanzung immer wieder aus sich selbst neu schöpfen können und in immer wieder neuer Zusammenarbeit das Leben schlechthin absichern.

Die »Spielregeln« im Ökosystem

Geht man von dieser Zielsetzung aus, lassen sich die wichtigsten Gesetze aus dem Systemcharakter ableiten. Ein System muß auf jeden Fall eine sehr große Zahl von Individuen enthalten, die aufeinander eingestellt sind und alle miteinander reagieren können. Jedes Individuum stellt aber auch einen Organismus mit eigener Regelung dar, so wie das System als Ganzes Regelungen unterliegt. Das System besitzt ein autonomes Regelsystem, das die Stabilität auch unter veränderten Umweltbedingungen aufrechterhält. Entweder müssen diese selbst ausgeglichen werden, oder es müssen spezielle Antworten gefunden werden, jedenfalls dürfen die Lebensgrenzen des Systems nicht überschritten werden. Die Regelung muß außerdem so elastisch sein, daß selbst relativ große Veränderungen im irdischen und kleinere im planetarischen Raum schadlos aufgefangen werden können. Man denke nur an die Schwankungsbreite von Licht, Wärme, Feuchtigkeit oder Strahlung.

Die Grundregelung besteht darin, daß jede Art einen genetisch festgelegten Lebensablauf hat, jedes Individuum diesen vollzieht und somit im Zusammenleben mit anderen Individuen ganz bestimmte Wirkungen auf diese ausübt und von ihnen Rückwirkungen empfängt. Die Elastizität des Systems erfordert jedoch, daß jede Art und damit auch jedes Individuum einer Art noch andere Aufgaben übernehmen kann, die zur Wiederherstellung des Gleichgewichts in einem solchen System notwendig sind.

Wenn zum Beispiel eine Pflanzenart sich in einem warmen Frühjahr zu schnell entwickelt und durch ihre Ausbreitung andere Pflanzenarten zu sehr hemmt, so daß diese ihre Aufgaben nicht voll erfüllen können oder sogar der Bestand gefährdet wäre, können Pflanzen »beauftragt« werden, die erstere Art zu hemmen. Wenn dies nicht reicht, können Insekten, Bakterien oder Pilze zur Hemmung oder Vernichtung von Individuen der ersten Art eingreifen. Das geschieht so lange, bis das Gleichgewicht im System wieder erreicht ist. Der Mensch nennt diesen Vorgang fälschlicherweise Pflanzenkrankheit.

Eine Regelung muß von einer Steuerzentrale in Gang gesetzt werden, diese kann sich im Individuum befinden, sie kann aber auch in einer übergeordneten Art enthalten sein. Voraussetzung ist auf jeden Fall ein Informationssystem. Dieses Informationssystem muß alle Individuen untereinander verbinden, aber auch gezielt Steuerzentralen ansprechen. Im Boden muß es auf engem Raum absolut zielsicher Nachrichten übermitteln können, ohne daß sich die einzelnen Nachrichtenströme gegenseitig beeinflussen; es muß sehr schnell arbeiten und es muß schließlich die Systemzentrale versorgen, die durch ständigen Vergleich zwischen Ist- und Sollzustand des Systems dessen Regelbedarf ermittelt. Nur so kann ein System stabil, also ganz gleichartig am Leben erhalten bleiben. Jede Veränderung gegenüber dem Sollzustand muß auch gespeichert werden, damit zur richtigen Zeit, oft ein Jahr später, die Gegenregelung einsetzen kann. Über der Systemregelung steht die des Elements. Die Luftreinhaltung als Ausdruck der Stabilität des Elements ist primär Aufgabe von Bestandteilen der Luft an sich – ebenso müssen die Bodenfunktionen vom System im Boden selbst abgesichert werden.

Vielartigkeit und *autonomes Regelsystem* sind also die Hauptbedingungen eines Ökosystems. Die vielfältigen Verknüpfungen in alle Richtungen erlauben es dem Menschen nicht, ein Ökosystem zu simulieren, also in einem Modell nachzuahmen. Er muß sich begnügen, durch Beobachtung der Abläufe einige wesentliche Ausschnitte zu finden, diese nach grundsätzlichen Erkenntnissen aus den Gesetzen des Systems in einem Modell zusammenzufassen und an diesem Modell Studien zu treiben. Da es immer unsicher bleibt, wie weit dieser Ausschnitt doch nicht mit anderen Teilen des Systems verknüpft ist, so daß Veränderungen, die man am Ausschnitt selbst feststellt, im System selbst gar nicht zum Ausdruck kämen, muß die Systembeobachtung gleichzeitig fortgesetzt werden.

Dies fehlt heutigen Experimenten in der Regel. Wo wird bei Düngungs- oder Sortenversuchen der Boden vorher und nachher so beobachtet, daß er biologisch, chemisch und physikalisch genau beschrieben werden könnte? Deshalb sind viele Experimente in der Naturwissenschaft nur mit Vorbehalt zu betrachten, und wenn sie womöglich noch mit kleinsten Teilabschnitten eines Lebensvorganges angestellt werden, in der Regel falsch.

Gase als Nachrichtenübermittler?

Dazu kommt, daß die wichtigste Voraussetzung allen Gemeinschaftslebens, das Informationssystem, überhaupt noch nicht erforscht ist. Zwar ist der Lockstoff eines Schmetterlings bereits vor 50 Jahren gefunden worden, womit die Grundlage für eine Nachrichtensystem-Forschung gegeben war, aber man hat sich in die Technik der Vorgänge vertieft, statt sie zur Systemforschung zu erweitern. Von den gasförmigen Nachrichtenstoffen der Pflanzen wissen wir praktisch überhaupt noch nichts, obwohl einige wenige Beobachtungen den Schluß zulassen, daß große Einflüsse von solchen Gasen auf das Umgebungsgeschehen ausgehen können. Es ist nämlich anzunehmen, daß diese gasförmigen, von der Wissenschaft vorläufig Phytonzide genannten Stoffe, nicht nur Nachrichten übermitteln, sondern daß sie selber direkt aktiv an Veränderungen des Systems beteiligt sind. Nur so ist es zu erklären, daß in der Umgebung einer gut wachsenden Weißtanne die Luft einen nur sehr geringen Bakteriengehalt hat, eine Ursache der Heilwirkung, die man einer wirklich gesunden Waldluft früher mit Recht zugeschrieben hat. Die Gesamtheit aller dieser Stoffe wird sogar vom Menschen mit seinem schwachen und nur wenig entwickelten Riechorgan wahrgenommen, meistens als Mischduft von Blüten und Insekten, aber auch als Erdgeruch, zusammengesetzt aus der Vielheit an Informationen, die in einem lebendigen Boden abgegeben werden.

Was ist Krankheit?

Als man zuerst die sich selbst tragenden Abläufe in den Systemen fand, etwa auch im Organismus des Menschen, glaubte man sicher zu sein, daß die Natur sich immer selber helfen könne, und daß sie von sich aus dafür sorge, daß alles in Ordnung bleibt. Es bedeutete eine Entlastung von der pessimistischen Vorstellung Virchows, daß Krankheit immer kranke Zellen bedeute, die oft nicht mehr zu heilen waren. Man glaubte, jeder Krankheitserreger hätte einen natürlichen Feind, und dieser würde sofort aktiv werden, wenn der Erreger sich zu sehr vermehren würde. Wenn er dies nicht tun würde, müsse der Mensch nachhelfen.

Aber diese Bakterienfresser ließen sich merkwürdigerweise vom Menschen nur selten beeinflussen. Sie waren entweder da oder nicht, sie bildeten sich auch nicht immer, selbst wenn das Objekt, das gefressen werden sollte, sich noch so stark vermehrt hatte. Also konnte es nicht einfach an dem Zusammenspiel von zwei Bakterienarten hängen, sondern es mußte im Hintergrund eine Regelung stehen, deren Kette man aber nicht kannte.

Die Immunbiologie hat sich inzwischen sehr bemüht, wenigstens für menschliche Krankheiten, zum Teil auch für die von Pflanzen und Tieren, solche Wege aufzuklären und sie gegebenenfalls in der Therapie nachzuahmen. Es sind zwar weitere Zwischenstationen gefunden worden, die es in einem solchen Regelungsvorgang gibt, aber bisher weder das Regelzentrum noch die Regelbegründung. Das mag damit zusammenhängen, daß Krankheiten nicht etwa grundsätzlich lebensfeindlich sind, sondern daß Krankheiten zu den normalen Regelungsvorgängen in der Natur gehören. Wird aber eine Krankheit von der Regelung verursacht, so kann man nicht erwarten, daß man in den Regelungsvorgängen auch ein Gegenmittel findet, da die Krankheit ja den Zweck hat, das Individuum zu schädigen, es unter Umständen sogar auszulöschen. Dies ist eine Zielsteuerung, für die die Natur kein Gegenmittel brauchen kann, also auch keines besitzt.

Das trifft sicherlich nicht für alle Krankheitsverläufe zu. Gerade beim Menschen sind sehr viele Veränderungen bekannt, die zwar als Krankheit bezeichnet werden, aber in relativ kurzer Frist vom Körper so ausgeglichen werden, daß sie nicht mehr schädigen und daß auch keine Folgen zurückbleiben. So zum Beispiel ein Ausgleich innerhalb des körpereigenen Immunsystems, das gegebenenfalls durch Therapie gestützt werden muß. Kommt die Veränderung durch einen »Beauftragten« der eigenen oder übergeordneten Steuerungszentrale, müßte die Ursache für die Regelung gefunden werden, eine Behandlung des Ablaufs (Symptom) nützt nur vorübergehend bzw. gar nicht. Solange wir den Ansatzpunkt der Krankheit nicht kennen, also nicht wissen, ob es eine Störung zwischen zwei Lebewesen ist oder einer kleinen Gruppe oder ob es sich um einen gezielten Regelvorgang handelt, so lange werden wir nicht die richtigen Therapien anwenden können.

Stoffe und Energie im System

Ökosysteme haben einen nahezu geschlossenen Stoffkreislauf – etwaige Fehlbeträge können aus der Umgebung aufgenommen werden, wie z. B. Kohlenstoff, Sauerstoff, Stickstoff aus der Luft, Minerale aus dem Boden. Energie aber wird im Lebensprozeß verbraucht und bedarf daher der ständigen Nachlieferung. Als Energielieferant steht aber nur das Sonnenlicht zur Verfügung.

Die Energie aus der Sonne muß in das System fließen – das geschieht durch Aufnahme und Umwandlung in den grünen Blättern der Pflanzen. Deshalb wird die Energiemenge, die dem System zur Verfügung steht, von der vorhandenen Blattmasse bestimmt. Weiterhin bestimmen Tageslänge (Sonnenscheindauer), Lichtintensität, Pflanzenart, Blattstellung usw. die Aufnahme von Energie.

Der Energiefluß beginnt also im grünen Blatt durch den Einbau in hochmolekulare, energiereiche Stoffe und geht über die Leitbahnen durch den Pflanzenkörper bis in die Wurzeln. Durch das Abstoßen kleinster Wurzelteile wird Energie an das Leben im Boden abgegeben und dort vorwiegend vom tierischen Leben verbraucht, der Rest wird über Nährstoffe an die Pflanzen zurückgegeben. Für die oberirdische Tierwelt – und dazu zählt auch der Mensch – steht der Inhalt der oberirdischen

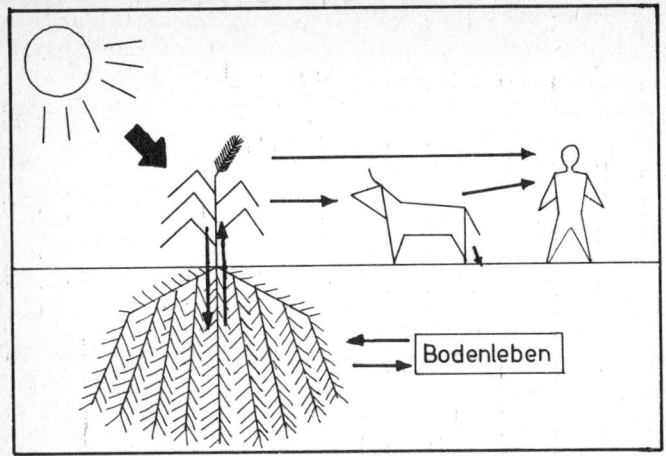

Abb. 1: Energiefluß im Ökosystem (vereinfachtes Schema)

Pflanzenteile zur Verfügung. Es läßt sich leicht ausrechnen, daß der Mensch dem System immer nur einen kleinen Teil der Energie entnehmen kann. Je größer die Blattmasse und je größer der durchwurzelte Raum des Ökosystems sind, desto mehr Energie steht dem Menschen zur Verfügung. Andererseits teilt er die Energiemenge mit den größeren Tieren.

Ökosysteme sind wahre Wunderwerke, so wie jedes einzelne Lebewesen als Organismus ein Wunderwerk ist, ganz besonders ein komplex organisiertes wie der Mensch. Es ist klar, daß solche Systeme auch empfindlich gegen Störungen sein müssen, die im Naturhaushalt nicht vorgesehen sind oder nur sehr selten auftreten. Es ist weiter verständlich, daß die Systeme stabil bleiben müssen. Wenn die Stabilität einmal zerstört ist, ist nicht zu erwarten, daß das System sich selbst wieder aufbauen kann, es sei denn in sehr langer Zeit. Reicht die Bandbreite der Regelung nicht mehr aus, wird die Zerstörung ebenso automatisch fortschreiten wie sich vorher automatisch das System erhielt. Systeme können dann rasch vollkommen zusammenbrechen, bei Wassersystemen hat man deshalb den Begriff des *Umkippens* geprägt. In dem sehr komplexen Bodensystem dauert die Zerstörung länger, aber dann kommt das Umkippen genauso rasch wie beim Wasser. Die Mehrzahl unserer Waldböden ist bereits in den letzten fünf Jahren »gekippt«.

Die Grundlage allen Lebens ist die lebendige Erde

In der lebendigen Erde finden die ersten und wichtigsten Umsetzungen statt, die Pflanzenleben erst ermöglichen, und hier finden alle die Stoffumsetzungen statt, die das Pflanzenleben und das Tierleben miteinander verbinden, so daß sich beide gegenseitig ergänzen. In der Erde schließt sich der Kreislauf des Lebens zu seiner ständigen Wiederkehr. Auch die beiden anderen Lebenselemente brauchen die Erde. Die Luft kann nur wenige Stoffe in sich selbst verarbeiten. Alle Schadstoffe oder alle Fremdstoffe, die in ihr vorkommen, werden im Regelfall auf dem Boden abgelagert, wo sie schadlos gemacht werden müssen.

Das gleiche gilt für das Wasser. Das Wasser nimmt auf seinem Weg Fremdstoffe und Verschmutzungen auf. Wenn es als Regen in den Boden gelangt, bringt es die Schadstoffe aus der Luft mit und auch viele Stoffe von der Bodenoberfläche. Im Boden nimmt es Umsetzungsstoffe auf, und alle diese Stoffe müssen wieder so aus dem Wasser entfernt werden, daß es am Ende im natürlichen Sinne als reines, klares Lebenselement erscheint. Schon der Ausdruck »biologische Wasserreinigung« zeigt, daß es sich um Lebensvorgänge handelt, und sie laufen im Boden ab. Auch die Reinigung eines Bachlaufes vollzieht sich an den Bachrändern mit dem Boden und bedarf des lebendigen Bodens.

»Mutter Erde«

Sehr früh haben die Menschen erkannt, daß die lebendige Erde eigentlich nur die oberste Schicht des Bodens ist und daß die tieferen Schichten weniger belebt sind. Selbst der Bauarbeiter spricht heute noch vom Abräumen des Mutterbodens, den er sorgfältig beiseite legt, um ihn später für die Gartengestaltung wieder ausbreiten zu können. Gewiß gehören Lehm und Ton, Sand und Steine zum Boden, aber sie sind nur mineralische Stoffe und machen die Erde nicht aus. Lebendiger Boden ist nicht ersetzbar und nur sehr mühsam vermehrbar, toter Boden bleibt tot und wird durch Wasser meistens weggespült und verfrachtet. Totes Gestein kann nicht selbst verwittern, sondern dazu sind lebendige Wesen wie Flechten, Bakterien und Pilze notwendig.

Betrachten wir die Vorgänge im intakten Bodensystem, indem wir das Wachsen und Vergehen einer Pflanzenwurzel verfolgen: Aus einem Samenkorn wächst ein Würzelchen, versorgt mit energiereichen Stoffen aus dem Samen, durch die oberste Bedeckungsschicht des Bodens nach unten. Sobald es belebte Erde »wittert«, wird ein Feinwürzelchen gebildet und auf ein bestimmtes Lebewesen oder eine begrenzte Gruppe im Boden ausgerichtet. Damit ist das Angebot der Zusammenarbeit verbunden. Bei Zustimmung wird das Spitzchen dieser Feinwurzel abgestoßen, samt Wurzelschleim von der angesprochenen Gruppe von Lebewesen aufgearbeitet, und bestimmte Stoffe werden an die Wurzel zurückgeliefert, soweit dies benötigt wird. Die restlichen Stoffe gelangen in den Umlauf des *Bodenlebens*.

Es kann aber auch eine echte **Symbiose** aufgebaut werden, indem in der Nähe der Symbionten (z. B. bestimmte Bakterien, Pilze) die Wurzelhaut so verändert wird, daß die Ansiedlung der Symbionten auf der Wurzel angeregt wird. Auch hierbei werden Wurzelteile benutzt, gemeinschaftlich umgebaut, Stoffe, Zellen oder sogar Gewebeteile der Symbionten in die Wurzel eingebaut. Letzteres ist an der **Mykorrhiza** beobachtet

Abb. 2: Schwammstruktur des Bodens, aus Bodenkrümeln gebildet

worden, dürfte aber für viele Wurzelpilze zutreffen. Sterben Wurzeln mit dem Pflanzentod ab, werden sie ebenso verarbeitet wie alle nach Erfüllung ihrer Aufgaben absterbenden Lebewesen. Dafür gibt es spezielle »Leichenbestatter«, es können aber auch andere Lebewesen damit beauftragt werden, wenn zu viele kranke Pflanzen vorhanden sind. Diese empfindet der Mensch dann als »Schädlinge«.

Wurzeln und Bodenleben brauchen freien Raum im Boden, dazu noch große Oberflächen und Platz für Feuchtigkeit, Luft- und Gasaustausch. Optimale Bodensysteme besitzen eine *Schwammstruktur* bis in die Tiefe von 40 bis 50 Zentimetern hinunter. Die Schwammstruktur wird durch »Abstandshalter« an Bodenteilchen, den *Krümeln*, gesichert. Die Krümel besitzen eine mit Mikroben und Eiweißbausteinen verklebte Oberfläche, die sie fast wasserunlöslich machen. Wurzeln und größere Tiere wie der Regenwurm durchqueren nur dann dichte, leblose Bodenbrocken und bilden neue Hohlräume, wenn sie Bodenleben wittern. Deshalb kann Bodenleben die Schwammstruktur nur erhalten, nicht aber in dichten, leblosen Böden neu aufbauen.

Da der Boden in der Tiefe unterschiedlich aufgebaut ist und der Poren-, Luft-, Wasser- und Wärmegehalt nach unten abnimmt, ist auch das Bodenleben entsprechend verschieden zusammengesetzt. So leben zum Beispiel in den oberen Bodenschichten Tiere, die mehr Sauerstoff brauchen als die, welche in tieferen Schichten vorkommen.

Ein stabiles Ökosystem im Boden hält die schwammartige Struktur des Bodens aufrecht. Die organisch abgedeckte Oberfläche (abgestorbene Pflanzenteile und Tierreste) schützt den Boden vor allen Einwirkungen einer Strukturverschlechterung, die von Wasser, Wind und Sonne verursacht werden kann. Damit ist der Boden in der Lage, die regelmäßigen Niederschläge eines Gebietes in sich aufzunehmen, abzubremsen und sie erst langsam wieder über die Wurzel und deren Lieferung an die Pflanzen nach oben oder durch Versickerung nach unten weiterzuleiten. Die Verdunstung aus einer vielartigen und dichten grünen Bodendecke bringt nicht nur zusätzliches Niederschlagswasser in den Umlauf, sondern sorgt auch durch die nächtliche Abkühlung für Kondensation und Niederschlag der Wassermengen im gleichen Gebiet. Durch hohe Wasserspeicherung kommt auch der notwendige Ausgleich zwischen klimatisch bedingten Schwankungen der Niederschläge zustande.

Bodenverdichtung bedeutet also direkt eine Minderung des Wassergehaltes, indirekt weitere Einschwemmung, also zunehmende Verdichtung, bis schließlich selbst kleine Regenfälle oberirdisch ablaufen und äußere Erosion verursachen.

Nun sind alle Mitglieder der Lebensgemeinschaft Erde vorgestellt. Die Pflanzenwurzeln bringen energiereiche, organische Stoffe durch die in den grünen Blättern gewonnene Umwandlung der Sonnenenergie in den Boden. Die unvorstellbar große Zahl von Bodenlebewesen (in einer Hand lebendigen Bodens fünf bis acht Milliarden) großer Artenvielfalt (tausend bis zweitausend Arten je Quadratmeter) sichert jede gewünschte Stoffumwandlung und damit jeden Ernährungswunsch der Pflanze. Das reicht von Bakterien, die aus feinsten Steinsplitterchen Minerale lösen, über solche, die die Minerale organisch einbinden, die aus Luftstickstoff Eiweißbausteine aufbauen, über Pilze und Flechten, Insekten und Würmer bis zum Regenwurm, der alle Reste dieser Lebewesen und der Wurzeln zu einem Intensivdünger verarbeitet.

Das alles läuft Tag für Tag ab, oft in Sekundenschnelle, im Sommer auf Hochtouren, im Winter ganz langsam. Millionenfach werden die Stoffe von Körper zu Körper weitergegeben, der Stoff bleibt erhalten, die Energie wird verbraucht und meist in Wärme umgesetzt. Der Boden muß viel Luft enthalten, denn Sauerstoff und manchmal auch Stickstoff werden verbraucht, Kohlendioxid und andere Schadgase müssen ausströmen können. Und überall muß Feuchtigkeit vorhanden sein, alle Bodenkrümelchen sind mit einer dünnen Wasser- oder Schleimtapete überzogen.

**Der Mensch wird seßhaft –
der Eingriff des Bauern hat Folgen**

Als die Menschengruppen volkreicher und seßhaft wurden, konnten sie sich nicht mehr durch Sammeln ernähren. Damit begann der Ackerbau auf einer durch die Entfernung zum Wohnplatz begrenzten Fläche. Die Zahl der für den Menschen notwendigen Nutzpflanzenarten ist begrenzt, daher muß der Mensch einen Pfeiler der Ökosysteme, die Vielartigkeit, zerstören, um Flächen für Nutzpflanzen freizumachen. Damit diese gesät oder gepflanzt werden können, muß er die Schutzschicht des Bodens entfernen und somit die Bodenzerstörung einleiten. Mit der Artenvielfalt der Pflanzen schwindet die Wurzelvielfalt und damit Vielfalt und Menge des Bodenlebens.

Die für Bestellung und Aufwuchs offenliegende Bodenoberfläche kann durch Regen, Wind und Sonne zerstört werden. Der Regen löst Bodensubstanz auf *(Verschlämmung)* und transportiert sie mit relativ hoher Geschwindigkeit in den Boden hinein. Dabei wird die Bodensubstanz abgesetzt, zuerst die Sand-, dann dicht darübergelegt die Tonteilchen *(Einschwemmung)*. So werden erst die feinen, später die groben Poren bis zu den großen Hohlräumen zugesetzt. Das absterbende Bodenleben kann sich dagegen nicht mehr zur Wehr setzen – der Boden verdichtet sich bis zur Ertragslosigkeit. Greift der Mensch nicht ein, sorgt die nach der *inneren Erosion* einsetzende *äußere Erosion* für eine Abschwemmung der lebensfähigen **Krume**, nur der Fels bleibt übrig, und das Gebiet verkarstet.

Aus dieser Erfahrung heraus lockert der Ackerbauer den Boden in harter Arbeit, Hacke und Pflug werden zu seinem Symbol. Mit Exkrementen seiner Nutztiere versucht er, den Pflanzenwurzeln die Stoffe zu beschaffen, die das verarmte Bodenleben nicht mehr bereitstellen kann.

Die Natur versucht, mit ihrer Systemregelung die Vielfalt wiederherzustellen – es wachsen außer den Nutzpflanzen auch viele Arten von Wildpflanzen, die der Mensch dann als Unkraut bezeichnet. In der **Umlagelandwirtschaft** wird dies zur Bodenerholung während der **Brache** ausgenutzt, indem die vielartigen Wildpflanzen auf dem Brachfeld mit ihren Wurzeln die Artenvielfalt des Bodenlebens wieder fördern. Diese Vielfalt ist jedoch zu gering, wenn die Brache abgeweidet wird.

Das System wehrt sich auch gegen die **Monokultur** durch deren Schädigung (Bodenmüdigkeit) oder auch durch oberirdische Schädlinge und Krankheiten (Regelepidemien). Regelmäßig verlor der Mensch in dieser Auseinandersetzung – solange es noch naturbelassene Flächen gab, wanderte er deshalb dorthin ab. Wenn diese Möglichkeit nicht mehr bestand, dezimierte der Hunger die Menschengruppe so lange, bis der Rest mit der noch vorhandenen Ernährung auskam.

In manchen Kulturen versuchte sich der Mensch diesem Teufelskreis anzupassen. In Indien wurde schon im 6. Jahrhundert v. Chr. Vegetarismus verbindlich. Die Brache behielt ihre

Bedeutung für die Erholung des Bodenlebens, weil die Pflanzen nicht mehr von Tieren abgeweidet wurden.

Gleichzeitig wuchs der Bedarf an vielartigen Nutzpflanzen, um die Ernährung vollwertig zu halten. Auf dem Acker entstand ein sehr vielartiger Anbau mit einem großen Anteil an **Leguminosen**. Das Ergebnis war ein zwar nicht stabiles, aber wenigstens soweit gesichertes System, wodurch die Ernährung an der untersten Grenze für eine relativ dichte Bevölkerung über Jahrhunderte möglich war.

Andere Kulturen kannten dagegen nur Resignation: Nach vier Durchgängen des Umlagesystems (z. B. vier Jahre Mais, neun Jahre Brache bei der Maya-Kultur in Yucatan), also nach 52 Jahren, wurde das Gebiet geräumt. Die Menschen siedelten um, wenn nicht eine besonders günstige Boden- und Klimasituation eine Verdoppelung dieser Zeitspanne zuließ.

Meist wurde gleichzeitig mit der Landbewirtschaftung auch der Wald zu stark genutzt und zerstört (Übernutzung). Der große Brennholzbedarf für die Herstellung von Keramik und Glas, später für das Ausschmelzen von Metallen und deren Verarbeitung zehrte am Waldbestand, Städtegründungen mit steigendem Bedarf an Brennholz und die Zerstörung der Altholzbestände durch den Bau nur sehr kurzlebiger Schiffe führten zu Entwaldungen großer Gebiete, oft auch fern von den dichtbesiedelten Wohngebieten. Gleichzeitig wurde kein neuer Wald angepflanzt, und die Selbsterneuerung des Waldes wurde sehr oft durch Nomaden verhindert, die für ihre Tiere kein anderes Futter mehr fanden als die nach der Abholzung entstandenen Buschwälder.

Da sich die Menschen um den Waldboden nicht kümmerten oder wegen mangelnder Arbeitskraft nicht kümmern konnten, fiel dieser schnell der Erosion anheim, und frühere Waldgebiete wurden zu steinernem Ödland. Für einige Zeit brachte die Erosion in die tieferliegenden Flußtäler noch fruchtbare Erdreste und erlaubte dort dichte Besiedelung. Beispiele dafür sind das Zweistromland Euphrat und Tigris und, allerdings unter anderen und sehr speziellen Bedingungen, Ägypten. Die menschenreichen Hochkulturen der Flußtäler erstickten im »gelben Schlamm«, wenn nach Verlust der Vegetation im Oberlauf die ungebremsten Hochwässer den toten Boden brachten.

Im Abendland entwickelte sich aus kritischer Distanz zu den Fehlern des römischen Landbaus eine sehr gut angepaßte Form, ausgeprägt in der *Fränkischen Landordnung*:

Der Räderpflug, eine technisch erstaunliche Weiterentwicklung des Stangenpflugs, läßt eine tiefere und feiner krümelnde Bodenbearbeitung zu; die Monokulturwirkung wird durch das regelmäßige Nacheinander verschiedener Arten (Fruchtfolge) gemildert. Die für die Selbstversorgung nötige Pflanzenvielfalt wird alle drei Jahre als Grünbrache eingeschoben, die tierischen Exkremente werden durch Zufügen von Stroh als Nahrung für Pflanzenwurzeln und Bodenleben aufgewertet. **Flurzwang** sichert die Einhaltung aller Vorschriften und notwendigen Arbeiten. Die Ausweisung einer speziellen Viehweide verhindert das Abweiden der Unkrautpflanzen auf der Brache, und die Kontingentierung für jeden Betrieb schützt vor **Überweidung**.

So konnte im Abendland eine stetig wachsende Bevölkerung auf einer nur wenig veränderten, Jahr für Jahr genutzten Fläche über Jahrhunderte ernährt werden. Trotz vieler Rodungen blieb ein ausreichender Waldbestand dadurch erhalten, daß Rodeverbote vom Grundherrn erlassen werden konnten und die Waldweide in Grenzen gehalten wurde. Seit dem Mittelalter gab es Verordnungen gegen die Übernutzung und für die Wiederanpflanzung der Wälder.

Bedingt durch die Bevölkerungsexplosion des 19. Jahrhunderts kam diese Ordnung trotz einiger wesentlicher Verbesserungen an ihre Grenzen. Das vom Landwirt mit Pflug und Stallmist unterstützte Teil-Ökosystem wurde durch Wegfall der Brache überlastet, Unkrautbekämpfung und Stoppelweide schadeten zusätzlich.

An diesem nun völlig instabil gewordenen System sammelte die analytische Wissenschaft erste Erkenntnisse, ohne zu berücksichtigen, daß sich die Pflanzen auf den damaligen Ackerböden in einer lebensbedrohenden Notsituation befanden, die in der Folgezeit durch nahezu leblose Böden in Kleinbehältern und Kleinstparzellen von der Wissenschaft nachgeahmt wurde. Daraus wurde als Lehre der Pflanzenernährung die *Mineralstofftheorie* entwickelt, die dem wirklichen Pflanzenleben in stabilen Ökosystemen nicht entspricht.

Die »moderne« Landwirtschaft des 19. und 20. Jahrhunderts macht scheinbare Fortschritte, sichtbar an rapide steigenden Erträgen bis zur immensen Überproduktion unserer Tage. Trotz Getreideüberschüssen werden die Erträge mit Kunstdünger weiter gesteigert, trotz zu viel Fleisch wird Fleisch aus Ländern eingeführt, in denen die Menschen hungern, und der Holzüberschuß basiert auf dem weltweiten Ausverkauf der Waldgebiete.

Diese märchenhafte Steigerung der Produktion muß auf Kosten des gesamten Ökosystems gehen, und so bleiben viele Fragen offen:

Warum sterben die Wälder? Warum sterben Bäume in Gärten und Parks? Warum sterben Arten aus? Warum gehen so viel mehr Jungpflanzen als früher trotz aller Sorgfalt wieder ein? Für die Vielzahl von Einzelbeobachtungen gibt es nur eine Antwort: Die Erde ist krank und versagt ihren Dienst!

2. Wir leben von dreißig Zentimetern

Die heutige Situation der Böden

Entsprechend dem schwer angeschlagenen Bodensystem mußten die in einer Notsituation gefundenen leichtlöslichen Nährstoffe mit ihrem Energiegehalt aus fossiler Energie (Mineraldünger) das Pflanzenleben positiv beeinflussen und die Erträge steigern. Solange die Düngermengen gering waren und die schützende **Bodengare** mit den traditionellen Methoden der Stallmistverwendung erhalten blieb, waren schädliche Wirkungen nicht sichtbar.

Die Wirkung der Kunstdüngung läßt sich am Energiefluß z. B. bei der Düngung mit synthetischen Stickstoffverbindungen erklären: Dadurch, daß der Stickstoff »fertig« zugeführt wird, wird die Energie für den Aufbau aus dem Luftstickstoff eingespart, und die für diesen Vorgang notwendigen Lebewesen werden überflüssig. Dies nützt aber nur, wenn die Einsparung der mit der Stickstoff-Bindung beschäftigten Lebewesen innerhalb der Elastizität des Systems die Aufbereitung anderer Stoffe nicht stört. Dies ist in der Regel kein Problem, wenn die Stickstoffdüngermenge klein ist und durch Stallmist andere Gruppen von Lebewesen verstärkt zur Lieferung von Pflanzennährstoffen eingesetzt werden können. Damit sind Erfolge und Mißerfolge der synthetischen Stickstoffdüngung erklärbar: Solange eine ordentliche Stallmist- und Humuswirtschaft dafür sorgte, daß sich das Bodenleben ohne Schaden umbauen konnte, brachte eine nur mäßige synthetische Stickstoffdüngung (ca. 30 bis 40 kg/ha) ansprechende Mehrerträge.

Mit Abnahme der Humuswirtschaft aber wurde das Regelsystem des Bodens überfordert, die Zufuhr von einigen wenigen Stoffen mit geringem Energiegehalt (Phosphor, Kalium, Calzium) brachte nur einen geringen Ausgleich für die sinkende

Leistung des Bodenlebens. Die Pflanzenernährung wurde unharmonisch, die Pflanzen krank. Mit der Zerstörung der Artenvielfalt des Bodenlebens wird das Ungleichgewicht immer größer, so daß die Pflanzen künstlich am Leben erhalten werden müssen – ein Teufelskreis beginnt.

Bedenklich war die Einengung des Wahlvermögens der Pflanze für Nährstoffe, indem bei der Verabreichung von wasserlöslichen Nährstoffen aus Mineraldünger die Nahrungsaufnahme mit der Wasseraufnahme sozusagen zwangsgekoppelt wurde. Die daraus folgende unharmonische Ernährung zeigte sich bei Getreide in mangelnder Standfestigkeit, bei Zuckerrüben in Verarbeitungsschwierigkeiten – allgemein in höherer Anfälligkeit für Krankheiten. Damit wuchs die Abhängigkeit der Landwirtschaft von »Pflanzenbehandlungsmitteln« der chemischen Industrie.

Trotzdem stiegen die Körnererträge weiterhin an. Das war zurückzuführen auf zwei verschiedene Einflüsse, die bei den unbiologischen Versuchen nicht erkannt werden konnten:

Das eine war eine Reizwirkung durch die massenhaft entstehenden Vorstufen von Eiweiß aus der starken Nitratzufuhr. Für deren Aufbau zu Eiweiß fehlte sowohl der notwendige Bedarf wie die notwendige Energie – die Stoffe blieben halbfertig in den Blättern stecken mit der gleichen Wirkung, die man im Sport »Doping« nennt.

Der zweite Einfluß war die hohe Krankheitsrate, die im natürlichen Regelsystem eine erhöhte Fruchtbarkeit auslöst, um ein Aussterben zu verhindern. So wurde die Samenanzahl, also der Kornertrag, vermehrt. Wir erleben das gleiche an den Waldbäumen – schwerkranke Fichten hängen voller Zapfen und so viele Eicheln und Bucheckern wie in den letzten Jahren haben die ältesten Leute noch nicht gesehen.

Die Erfolge der synthetisch-mineralischen Düngung bei der Überwindung der Folgen des Zweiten Weltkrieges überdeckten jedoch alle Bedenken. Es kam zu solchen Ertragssteigerungen vor allem bei Getreide, daß die alten Vorstellungen vom Akkerbau aufgegeben wurden, die Zeit für radikal neue Landbaumethoden schien gekommen. Stallmist wurde überflüssig, es schien am wirtschaftlichsten, den Flüssigmist einfach aus dem Stall in ein Erdloch laufen zu lassen (wie teilweise in den USA). Ackerbau ohne Viehhaltung wurde angestrebt, damit der Landwirt auch ein ruhiges Wochenende haben konnte. Man meinte, Oberkrumenbearbeitung und Fruchtfolgen wären unnötig, da man auftretende Probleme »wegspritzen« konnte. Spezialisierung brachte Vereinfachung der Arbeit. Auch die Landschaft wurde einbezogen – wo Grünland war, sollte nur noch Grünland sein, Ackerflächen sollten ohne Raine die Dorfumgebung ausmachen, in der Weinbaugegend sollten nur noch Reben zu sehen sein – so wurden der Flurbereinigung die Aufgaben gestellt.

Die Folge all dieser Veränderungen ist ein drastischer Rückgang der Artenvielfalt im sowieso schon gestörten landwirtschaftlichen System. Dies wirkt sich vor allem in einer Schwächung des Bodenlebens aus, so daß der Boden seine vielfältigen Aufgaben kaum mehr erfüllen kann. Die Schwammstruktur des Bodens geht verloren, das Niederschlagswasser löst den Boden auf und schwemmt Feinteile nach unten, der Boden verschlämmt auf der Oberfläche und verdichtet sich nach unten hin. Die Verdichtung nimmt so stark zu, daß die Wurzeln am Durchdringen gehindert werden – es entstehen *Sperrhorizonte*.

Die Pflanzenwurzeln befinden sich nur noch in der obersten Bodenschicht, können sich nicht tief verankern und die Pflanze nicht mehr vollständig aus dem gesamten Bodenraum ernähren. Durch die Sperrhorizonte dringt das Wasser nicht mehr hindurch, die unteren Bodenschichten bleiben trocken. Das Wasser muß oberirdisch ablaufen, löst dabei den Boden auf und schwemmt ab, was dann als Erosion sichtbar wird. Allmählich wird auch die Verdichtung bei der Bodenbearbeitung deutlich spürbar – die Landwirte brauchen immer größere Schlepper, womit sie dann die Verdichtung durch das Maschinengewicht noch weiter erhöhen. Zusätzlich werden die Unkrautarten gefördert, die sich im dichten Boden mit ihren starken Wurzeln noch wohl fühlen (Distel, Quecke, Ampfer usw.).

Das alarmierendste Zeichen für das Absterben des Bodenlebens ist jedoch, daß der Boden Schadstoffe nicht mehr ausfiltern kann und so etwa Nitrat und Pflanzenschutzmittel ungehindert ins Grundwasser gelangen und unser Trinkwasser vergiften! Hier wird deutlich, daß ein gesamtes Lebenssystem stirbt – die dreißig Zentimeter Boden, die die Gesteine der Erde bedecken, sind unsere Lebensgrundlage, und wenn das Bodenleben stirbt, sind auch wir gefährdet.

Und der Waldboden?

Ironischerweise versprach die Entdeckung der Kohle als Energielieferant dem Wald eine Erholung, da weniger Holz als Brennmaterial gebraucht wurde. Leider suchte man sich aber zur Neuanpflanzung der Wälder im 19. Jahrhundert hauptsächlich schnellwachsende Baumarten wie Fichte und Kiefer anstelle der langsamwachsenden Laubhölzer. An die Stelle eines Waldes trat der Forst. Um möglichst viel Stammholz zu ernten, pflanzte man dichte Monokulturen von Nadelhölzern, die im sogenannten Dunkelwald gleichmäßig schnell dem Licht entgegenwuchsen, bis sie im Kahlschlag geerntet werden sollten. In einem solchen Dunkelwald ist am Boden kaum noch Licht für andere Pflanzen vorhanden, so daß die Wurzelvielfalt im Boden verlorengeht und damit der Boden biologisch verarmt. Das geht so weit, daß sogar die Ameisen aus dem Wald verschwinden.

Die Natur versucht, solche für das System schädliche Monokulturen zu beseitigen – es treten Krankheiten und Schädlinge wie Raupen und Käfer auf.

In dieser Situation verursacht der Mensch die schwerste Schädigung, die er der Natur seit der Erschaffung der Welt zugefügt hat. Es handelt sich um all die Stoffe, die die Natur als Schadstoffe immer wieder durch ihre Systeme umgesetzt oder auch organisch eingebunden, also abgepuffert hat, damit sie nicht schädlich werden konnten. Der Mensch produziert sie aber in solchen Massen, daß die Selbstregelung der Natur nicht mehr ausreicht. Dazu gehören sowohl die bei der Verbrennung entstehenden Stoffe, die der Natur bekannt sind, aber vor allem auch Tausende der Natur unbekannte neue Stoffverbindungen aus der Chemie, die im Schema des natürlichen Regelsystems nicht enthalten sind.

Diesen Substanzen gegenüber ist die Natur wehrlos. Lediglich wenn die Stoffe von natürlichen Informationssystemen als schädlich erkannt und oft unter Verbrauch vieler Lebewesen in organische Verbindungen überführt, eingebaut oder deponiert werden, können sie unschädlich gemacht werden. Die Einbindung, meist *Abpufferung* genannt, setzt ein intaktes Bodenleben voraus. Je mehr es durch diese Abpufferung belastet wird, um so öfter werden die Fremdstoffe schädlich und mindern die Aktivitäten des Bodenlebens. Zusätzlich bedingen die Säuren aus den Luftverunreinigungen, daß der Säuregrad der Böden, gemessen am pH-Wert, seit 1960 in erschreckendem Maße steigt und seit 1980 die gefährliche Grenze von pH 4 in vielen Waldböden unterschritten wird. Dadurch werden giftige Schwermetalle aus der Bodensubstanz gelöst und können ins Trinkwasser gelangen. Der Waldboden selbst wird leblos, die Baumwurzeln in der verdichteten, trockenen unteren Bodenschicht sterben ab, Feinwurzeln befinden sich nur noch in der obersten Schicht. Als Notreaktion werfen die Bäume Nadeln und Blätter ab, um ihren Saftbedarf zu drosseln.

Die in den verdichteten Bodenschichten absterbenden Wurzelreste werden von den noch übrigen Lebewesen langsam aufgearbeitet, die ohne Sauerstoff arbeiten können und bei der Zersetzung Methan und andere Gase produzieren, welche wiederum starke Wurzelgifte darstellen. Diese Gase wandern in dem undurchlüfteten Boden ganz langsam nach oben, sie können jedes Pflanzenleben abtöten. Deshalb wächst auch kaum noch eine grüne Pflanze nach, selbst wenn die Baumleichen vom Menschen entfernt worden sind und die Bestände dadurch licht werden.

Was für den Wald gilt, gilt für viele Baumstandorte. Die

Artenverarmung und die Abnahme des Bodenlebens schreitet auch in Gärten, Parks, Baumschulen und Obstanlagen fort. Auch die Nutzgärten sind artenärmer geworden, oder man hat Arten, die nicht in unser Ökosystem passen, hinzugeholt und damit Arten, die für das einheimische System notwendig sind, verdrängt. Die Bodenpflege beschränkte sich vorwiegend auf eine wenig tiefe Oberflächenkultur mit Kompost aus zusätzlichem organischen Material oder Pferdemist im Mistbeet und Kuhmist als Kompostbeigabe. Stroh-Kuhmist gibt es nicht mehr, Pferdemist da und dort noch, meist mit den sehr inaktiven Sägespänen vermengt. Das Stroh ist fast immer vom Landwirt mit Bioziden behandelt und deswegen zum Kompostieren ungeeignet. Die Gartenböden magern aus, und wenn dann noch Kunstdünger gegeben wird, muß das Bodenleben immer schwächer werden.

Auf diese Flächen trifft derselbe Schadstoffeintrag aus der Luft wie auch im Wald, oft noch vermehrt durch die Abgase der schlechten Feuerungsanlagen von Einzelheizungen oder kleinen Betrieben, die den Vorschriften der Abgasreinigung nicht unterliegen. Zusätzlich hat die Chemie auch den Kleingartenbereich erobert: Der Gärtner kennt keine Blumenerde mehr, er hat nur noch »Substrate«, für jede Pflanzenart speziell gemixt. Das Saatgut wird mit Chemie umhüllt zur Samenpille. Für jede Pflanze gibt es Spezialdünger, Spezialspritzmittel gegen Schädlinge und Krankheiten. All dies stört das Bodenleben. So müssen wir auch in den Gärten damit rechnen, daß der Boden verdichtet und daß das Bodenleben schwer angeschlagen ist.

Hinweise auf die Folgen gibt es genug: Sauerkirschen, die vorzeitig ihre Blätter verlieren und deren Triebspitzen eintrocknen, die vielleicht im nächsten Jahr noch einmal treiben, aber dann ganz ausbleiben. Von heute neu gepflanzten jungen Bäumen werden nicht alle das zweite und dritte Jahr überstehen, was meist nicht die Schuld der Baumschule ist. Aber auch sie muß davor kapitulieren, wenn der Boden keine Pflanzen mehr tragen will, weil er nicht mehr lebt.

Die Bodenkontrolle

Die Gefahr, daß die Erde stirbt, ist riesengroß – jede Woche gibt es neue Schreckensnachrichten. Durch Ursachendiskussionen der Wissenschaftler, Schuldzuweisungen zwischen Verursachern und besänftigende Reden von Politikern wird der Patient nicht geheilt, er braucht tatkräftige Hilfe, und jeder, der für ein Stückchen Boden die Verantwortung trägt, muß helfen – noch kann er es, noch ist es nicht zu spät.

Viele sind mutlos geworden, wie überhaupt die Umweltverdrossenheit immer mehr zunimmt. Sie ist verständlich, aber falsch. Der Bürger ist mehr und mehr verdrossen, weil er von allen Seiten hört, was alles im Umweltbereich getan werden müßte, weil er aufgefordert wird, selbst mitzuhelfen, ohne daß ihm gesagt wird, wie er das tun soll. Und schließlich, weil er sieht, daß zwar viel über Umwelt geredet wird, aber immer noch vieles betrieben wird, was die Umwelt mit Sicherheit schädigt. Da werden immer noch Müllverbrennungsanlagen gebaut, obwohl es ein Verbrechen an dem Erdboden ist, wenn man ihm seine eigenen organischen Reste nicht als fruchtbaren Kompost zurückgibt. Wo bleibt die grüne Tonne?

Dabei ist es gerade das Zusammenwirken vieler Faktoren, die die Ökosysteme sterben lassen. Da helfen keine kleinen Korrekturen, ein Spray-Verbot, ein bißchen Kunstdünger weniger, ein paar Chemikalien weniger im Einsatz gegen Tiere und Pflanzen, einige Bäume und Hecken schützen – das ist alles wichtig, reicht aber nicht aus, um die Ökosysteme zu retten. Die Zerstörung des Lebendigen in der Erde ist schon zu weit fortgeschritten – das Bäumesterben muß uns endlich aufgerüttelt haben!

Eine wirkliche Hilfe kann nur darin bestehen, alles von Grund auf neu zu beleben und den Boden wieder neu aufzubauen. Dazu müssen wir zuallererst lernen, den Boden im wahrsten Sinne des Wortes wieder zu be-greifen, wir müssen ihn anschauen, seinen Zustand erkennen lernen.

Chemisch-analytische Bodenuntersuchungen bringen uns zwar in Zahlen faßbare Meßwerte und können uns vielleicht sagen, wie sauer der Boden ist oder welche Mineralstoffe wir mit bestimmten Lösungsmitteln herausfiltern können, aber über das Leben im Boden, das zugrunde geht, bekommen wir nur wenige Informationen. Außerdem kann man diese Untersuchungen nicht selbst durchführen und auch nur unter fachlicher Anleitung wirklich nutzbringend verwerten.

Wir müssen uns wieder die Mühe machen, den Boden aufzugraben – früher war das für den Landwirt einfach, wenn er hinter dem Pflug herging und seinen Boden in die Furchen fallen sah. Heute sitzt er auf seinem Schlepper und muß sich aufs Fahren konzentrieren – was hinter ihm mit dem Boden geschieht, kann er nicht sehen.

In den zwanziger Jahren entwickelte *Johannes Görbing* die *Spatendiagnose*, eine einfache Methode, mit der jedermann seinen Boden kontrollieren kann. Wir werden dabei viel mehr lernen, als für die Bodenlockerung nötig ist. Ein Teil des Wunderwerks Boden läßt sich nach einiger Übung am Bodenprofil ablesen. Für die Spatenprobe braucht man folgende Geräte:

- 1 Flachspaten, Blatt aus rostfreiem Stahl, ca. 20 cm breit und 30 cm lang
- 1 guten Gärtnerspaten
- 2 Stützen, um das Spatenprofil tischhoch auflegen zu können
- 1 kleine Jätekralle
- 1 Brettchen 20 × 25 cm
- 1 Notizbuch (event. Fotoapparat)

Zur Durchführung der Spatendiagnose sucht man sich auf dem Feld- oder Gartenstück eine Stelle aus, die typisch für dieses Stück erscheint und möglichst mit Pflanzen bewachsen ist. Denn das Verhalten der Pflanze mit ihren Wurzeln gibt am meisten Aufschluß über den Boden.

Man sticht den Flachspaten senkrecht in der Nähe der Pflanze in den Boden und drückt ihn bis zur vollen Tiefe in den

Boden ein. Dabei darf der Spaten nur seitlich hin und her bewegt werden, nicht vor und zurück, damit das Bodengefüge nicht gepreßt wird. Wie leicht oder schwer sich der Flachspaten in den Boden eindrücken läßt, gibt schon den ersten Hinweis auf die Dichte des Bodens. In sehr harten Böden muß der Spaten sogar manchmal mit einem schweren Hammer eingetrieben werden.

Nun wird die den Pflanzen abgewandte Seite mit dem Gärtnerspaten freigegraben. Das Loch vor dem Flachspaten soll so breit und so tief wie dieser selbst sein. Jetzt muß man rechts und links von der Pflanze zwei Rinnen ausstechen, mit Spatenbewegungen quer zum Flachspaten. Nun wird der Flachspaten vorsichtig entfernt und die von ihm geschützte Bodenfläche mit dem Brettchen festgehalten. Auf der gegenüberliegenden Seite der ausgewählten Pflanzengruppe sticht man zum Ausbrechen des Bodenblocks den Flachspaten (!) ganz ein. Durch vorsichtiges Herunterdrücken des Spatenstiels nach hinten wird der Bodenblock vom Unterboden gelöst. Der Bodenblock wird nun herausgehoben, wobei er von einer Hand vom Abrutschen nach unten gesichert wird. Mit dem aufliegenden Bodenprofil kann der Spaten zur bequemeren Betrachtung vorsichtig auf die beiden Stützen gelegt werden.

Die Untersuchung kann beginnen: Die Jätekralle dient zum vorsichtigen Aufreißen des Bodenprofils, um die tatsächliche Lagerung der Bodenschichten zu sehen – man sollte vermeiden, mit den Fingern zu graben, weil man damit den Boden immer preßt und seine natürlichen Rißlinien nicht erkennt. Man wird auch schnell feststellen, welche Bodenbereiche lokker sind und welche fester, dabei sieht man auch deutlich die unterschiedliche Struktur der Bodenkrümel und der größeren Bodenstücke. Echte, belebte Bodenkrümel sind klein und haben viele Aus- und Einbuchtungen, liegen in lockerem Verband im Boden – sie machen die Schwammstruktur aus. Dichte, unbelebte Bodenteile haben glatte Flächen mit scharfen Kanten, sie lassen sich nach dem Auseinanderklappen wie-

Abb. 3: Die Ausrüstung für die Spatendiagnose

Abb. 4: Der auszustechende Bodenziegel wird aus der Bodenspannung gelöst

Abb. 5: Der Bodenziegel wird abgestochen

Abb. 6: Der Bodenziegel wird herausgehebelt

Abb. 7: Dieser Boden ist gesund: Tiefe Durchwurzelung und Krümelung

Abb. 8: So soll es nicht sein: Die Krume bildet einen dichten Klotz, den die Wurzeln nicht durchdringen

der spiegelbildlich genau zusammenfügen. Durch solche Bodenbereiche wollen auch die Wurzeln nicht hindurchwachsen – wenn sie es tun, dann verzweigen sie sich nicht und nehmen keinen Kontakt mit dem Bodenleben auf. In den »**garen**« Bereichen des Bodenprofils sind die Bodenkrümel fest mit den Wurzeln verklebt, die Wurzeln sind reich verzweigt und haben viel Platz zum Kontakt mit dem Bodenleben.

Die Wurzeln sind der wichtigste Anzeiger für den Zustand des Bodens: Je mehr sie sich verzweigen, je mehr *Feinwurzeln* und *Wurzelhaare* sie bilden und je tiefer und dichter sie den Boden durchdringen, desto gesünder sind Bodenstruktur und Bodenleben. Wenige Wurzeln ohne Verzweigungen deuten darauf hin, daß das Bodenleben infolge von Luftmangel im dichten Boden nur schwach entwickelt ist. Besonders gute Hinweise auf die Durchlüftung des Bodens geben uns die Wurzeln von Leguminosen: Dort, wo genügend Luft im Boden vorhanden ist, bilden sie die typischen, deutlich erkennbaren *Wurzelknöllchen* aus, denn diese Pflanzen sind in der Lage, aus der Bodenluft mit Hilfe von Bakterien Stickstoff zu binden.

Deutlich zu erkennen sind auch die Einschwemmungen von Feinteilen von der Bodenoberfläche in das Bodenprofil: Sichtlich hellere Bereiche des Bodens, die sich bei genauerem Hinsehen als feinste Teile erweisen, die das Wasser nach unten in größere Poren geschwemmt hat (innere Erosion) und diese nun verstopfen, kennzeichnen die geringe Stabilität des Bodens und führen zu immer stärkeren Verdichtungen.

Deutlich erkennt man Sperrhorizonte: entweder biegen hier die Wurzeln in die Waagerechte ab und wachsen nicht weiter nach unten, oder man erkennt einen deutlichen Unterschied in der Feuchtigkeit des Bodens. Zur Prüfung der Feuchteverteilung muß man etwas Boden zwischen den Fingern reiben, um ein Gefühl für den Feuchtegehalt der Bodenschicht zu bekommen. Wichtig ist auch hier der Vergleich zwischen den oberen und den unteren Bodenschichten – manchmal ist der Oberboden ganz schmierig-naß, während der Unterboden bröselig-trocken ist.

Mit dieser *Fingerprobe* können auch die *Bodenarten* grob unterschieden werden:

SANDBODEN: Der Boden besteht aus einzelnen Körnern, fühlt sich rauh an. Der Boden haftet nicht am Finger und ist nicht formbar. (Sandböden sind leicht zu bearbeiten [»leichte Böden«], sind relativ gut durchlüftet, leiten das Wasser schnell, erwärmen sich rasch, haben meist nur geringe Nährstoffvorräte.)

LEHMBODEN: Der Boden ist bindig, klebrig und läßt sich formen, wird aber beim Ausrollen rissig. Der Boden enthält keine oder nur wenige Sandkörner, feinste, mehlige Bodenteile (Schluff) haften in den Fingerrillen. (Lehmige Böden können viel Wasser speichern, haben ausreichende Nährstoffvorräte, sind meist tiefgründig.)

TONBODEN: Der Boden ist sehr bindig und klebrig, man kann die Bodenprobe wie einen dicken Teig formen und ausrollen, es entstehen glänzende Reibeflächen, der Boden enthält keine Sandkörner. (Tonböden sind schwer zu bearbeiten [»schwere Böden«], können zwar viel Wasser aufnehmen, aber leiten es schlecht weiter [Staunässegefahr], haben große Nährstoffreserven, sind schlecht durchlüftet, erwärmen sich langsam.)

Das Freilegen des ungestörten Bodens mit dem vorsichtigen Eindrücken der Jätekralle und Abbrechenlassen der Bodenteile legt uns für kurze Zeit das Bodengefüge mit seinem vielfältigen Leben frei. Dann müssen wir rasch nach allen genannten Kennzeichen schauen, vor allem den feinsten, gerade noch erkennbaren Wurzelspitzen. In wenigen Minuten ändert sich alles, kenntlich am Absterben von Würzelchen und Abtrocknen der Krümel – das Bodenleben stellt sich auf die Katastrophe um, die das Herausholen bedeutet. Deshalb kann der Chemiker oder Physiker das Bodenleben nicht oder nur sehr krank finden: Licht, Luft, Austrocknung, mahlen, schütteln, mit Chemikalien versetzen – dabei bleibt vom Bodenleben nichts mehr übrig.

Die Grundsätze des Bodenaufbaus und der Bodengesundung

Die Grundsätze für den Bodenaufbau können aus der Beschreibung der Ökosysteme und deren speziellen Wirkungsgefüge im Boden abgeleitet werden. Es gilt nun zu erkennen, wo und wie der Mensch eingreifen darf, wie er der Natur helfen kann und wo er sich heraushalten muß, weil er mehr Schaden als Nutzen anrichtet. Grundprinzip ist die Wiederherstellung des Zusammenspiels von Pflanzenwurzeln, Bodenleben und Bodenraum. Weil alle unsere Böden zu dicht geworden sind, muß der Mensch zunächst den Bodenraum durch mechanische Lockerung wiederherstellen.

Die Lockerung der Bodenverdichtungen können wir nicht nur den Regenwürmern oder tiefwurzelnden Pflanzen alleine überlassen, da diese viel zu lange, sicherlich manchmal viele Jahre brauchen würden, um den Boden wirklich gleichmäßig und tief aufzulockern – hier muß der Mensch der Natur mit seinen Mitteln helfen.

Der richtige Zeitpunkt für die Lockerung des Bodens ist dann gegeben, wenn der Boden weder zu feucht noch zu trocken ist: Bei zu nassem Boden würde der Boden schmieren und im Endeffekt noch dichter werden, bei zu großer Trockenheit wären die Bodenklumpen so hart, daß sie nicht auseinanderbrechen würden. Deshalb muß der richtige Moment mit der Fingerdruckprobe herausgefunden werden: Man nimmt einen Bodenbrocken zwischen Daumen, Zeige- und Mittelfinger und drückt ihn fest zusammen. Bricht er in Stücke, ist der Bodenzustand für eine Lockerung günstig. Drückt sich der Brocken nur breit, ist es zu feucht, kann man Figuren kneten, ist der Boden zu naß. In diesen beiden Fällen darf man nicht lockern. Übrigens ist es auch schädlich, bei solchen Zuständen mit schweren Geräten oder Lasten zu arbeiten. Im Garten soll man sogar das Betreten vermeiden. Gleichzeitig ist es wichtig, den Boden in der richtigen Weise aufzulockern. Falsch wäre es, den Boden mit Werkzeugen zu bearbeiten, die alle Bodenschichten durcheinandermischen und Schichten aus der Tiefe nach oben holen oder umgekehrt. So würde man etwa mit zu tiefem Pflügen oder Umgraben »tote« Bodenschichten von unten nach oben bringen, so daß die weniger belebten Schichten oben liegen, während die belebten nach unten kommen.

Außerdem leben die Organismen in den unterschiedlichen Bodenschichten unter speziellen Lebensbedingungen, die sie in anderen Bodenschichten nicht mehr vorfinden. Eine Durchmischung schädigt das Bodenleben sehr stark. Die Möglichkeit des Tiefpflügens mit starken Schleppern hat in den letzten Jahrzehnten viel dazu beigetragen, daß die Belebtheit der Böden zurückgegangen ist und die Mittelkrume stark verdichtet wurde.

Man braucht deshalb zur Schaffung von Bodenraum Geräte, die die Verdichtungszonen im Boden in natürlichen Rißlinien aufreißen und für Luft, Wasser und Wurzeln durchgängig machen, ohne dabei die natürliche Bodenschichtung zu zerstören. Die Werkzeuge an den Lockerungsgeräten dürfen deshalb keine Einrichtungen besitzen, die den Boden wenden. Die jeweils geeigneten Werkzeuge und Geräte werden im Kapitel 3 besprochen.

Die Lockerung des Bodens ist der erste Schritt der *Bodenrekultivierung*. Der Boden sollte also durch die Lockerung in einen mindestens stückigen Zustand versetzt worden sein. Die vielen Bodenstückchen müssen durch Wurzeln *lebend verbaut* werden, sonst würde der nächste Regen wieder alles zusammenfließen lassen und der Boden wäre dichter als vorher. Man könnte zwar auch jetzt darauf warten, daß die Natur sich selbst hilft und den Boden begrünt, aber das würde sehr lange dauern. Wir haben mit der gezielten Ansaat von bestimmten Pflanzen die Möglichkeit, hier schneller zu helfen.

Glücklicherweise gibt es Pflanzen, die imstande sind, auch auf schon sehr inaktiven Böden zu wachsen und Bodenleben zu »wittern«, das sich im Ruhezustand befindet, das »schläft«. Diese Pflanzen können das Leben im Boden mit ihrem Wurzeln wieder erwecken. Die Wurzeln umspinnen die Bodenbrocken, es setzt die autonome Regelung des Systems wieder ein, und es bildet sich eine Lebensgemeinschaft. Sie ist noch nicht vollkommen und bedarf der weiteren Pflege, aber das Zusammenspiel Wurzel–Bodenleben beginnt, und damit ist die Erhaltung des Bodenraumes gesichert.

Zum Glück finden sich unter den landwirtschaftlichen Nutzpflanzen, deren Saatgut überall käuflich ist, auch solche, die diese Eigenschaften besitzen. Am besten eignen sich tiefwurzelnde Leguminosen wie die Zottelwicke (Vicia Villosa), die Platterbse (Lathyrus), auch Kichererbse genannt, von den Kleearten eignet sich der Inkarnatklee, um nur die drei wichtigsten zu nennen. Natürlich darf nicht nur eine Pflanzenart angesät werden, da die Artenvielfalt des Bodenlebens auch von der Vielfalt an Wurzeln abhängt. Deshalb sät man möglichst viele Pflanzenarten gemeinsam in sogenannten *Pflanzengemengen*.

Den größten Erfolg versprechen diese Maßnahmen für die Bodengesundung im Sommer. Dann ist der Boden meist trocken genug, daß er schön zerbröckelt oder zerfällt. Die hohe Bodentemperatur fördert ein rasches Wurzelwachstum von oft mehreren Zentimetern am Tag.

Zusätzlich zur Lockerung und Lebendverbauung ist bei weiteren Maßnahmen immer an eine ausreichende *Bodenbedeckung* zu denken. Nackter Boden würde bei Regen trotz Bewurzelung durch Einschwemmung neu verdichtet und verschlämmt. Wir müssen die Oberfläche so in Ordnung halten, daß nicht nur der Regen gebremst und vorläufig gespeichert wird, sondern daß auch ein reger Gasaustausch aus dem Boden mit der Umgebungsluft stattfinden kann. Eine zu starke Austrocknung sollte gebremst werden. Eine gewisse Wasserabgabe an die Atmosphäre muß erhalten bleiben, denn die Verdunstung der Blätter alleine genügt nicht für die Reinigung des Wassers, das in die Atmosphäre entlassen wird und als Regen wiederkommt. Das Niederschlagswasser sollte eine gewisse Zeit in der Oberkrume verweilen können, damit etwaige Schadstoffe dort bei reichlichem Luftzutritt schneller abgebaut oder festgelegt werden können.

Reicht die wachsende Pflanzendecke als Bodenschutz nicht

aus, sind die freien Stellen immer wieder mit organischem Material wie Laub und Gras oder Kompost dünn abzudecken. Muß bei der Ansaat oder Anpflanzung der Boden vorübergehend unbedeckt daliegen, sollte durch Hacken eine abdeckende Krumeschicht hergestellt werden, die nach jeder Verkrustung wieder aufgelockert wird, bis *Mulch* oder *Gründüngung* aufgebracht werden können.

Die Düngung muß eine Versorgung des Bodens und damit erst indirekt eine Düngung der Pflanzen sein. Das Bodenleben muß gefüttert werden! Deshalb werden dem Boden organische Stoffe zugeführt, in die tieferen Bodenschichten durch die Wurzeln der Gründüngung, auf die Bodenoberfläche als verrottende Blattmasse der Gründüngung, als Mulch, Kompost oder Stallmist. Nur wenn wirklicher Mangel an Mineralstoffen auf dem jeweiligen Standort nachgewiesen ist, ist eine mineralische Düngung mit natürlich vorkommenden, langsam wirkenden Mineralstoffen vertretbar. Gesteinsmehl ist immer richtig, es ist ein Bakterienstarter und Lieferant von Spurenelementen.

Störend auf die Bodengesundung wirken sich alle Chemikalien gleich welcher Art aus, auch die sogenannten Kunstdünger belasten das Bodensystem, sie schädigen bestimmte Bakterienarten, belasten das System der Pufferung und drängen bestimmte Pflanzen zurück. Die Anwendung gezielter Pflanzengifte, der Unkrautvernichtungsmittel, muß unterbleiben. Auch synthetische Pflanzenschutzmittel dürfen nicht angewandt werden, lediglich pflanzliche Behandlungsmittel kommen in Frage. Das Bodensystem ist und bleibt das empfindlichste Ökosystem und muß deswegen ganz besonders geschützt werden.

3. Was wir tun können

Jeder, der auch nur das kleinste Stückchen Boden pflegt und bearbeitet, kann mit dazu beitragen, den Boden gesund zu machen. Die praktischen Maßnahmen, um die Bodengesundheit zu stabilisieren, sind sehr verschieden, je nachdem, ob es sich um ein kleines Ziergärtchen, um einen Nutzgarten, der einen großen Teil des Gemüsebedarfs der Familie decken soll, um den landwirtschaftlichen Boden oder schließlich um den Waldboden handelt. Die einzelnen Maßnahmen für die jeweiligen Bereiche werden im Folgenden dargestellt.

Im Garten

Ein Großteil der bundesdeutschen Familien besitzt oder betreut ein Stückchen Land. Damit trägt jeder nicht nur die Verantwortung für den Boden, sondern er hat auch seine Freude daran. Der Mensch will etwas wachsen sehen und sich je nach Neigung am eigenen Gemüse und Salat, an Blumen, Rasen, Bäumen und Büschen, am Spiel von Schmetterlingen, dem Gesang der Vögel oder an den Früchten der Bäume erfreuen. Jeder, der hierin die Schönheit der Natur liebt, muß wissen, daß er in absehbarer Zeit von vielen Pflanzen, Blumen und Bäumen Abschied nehmen muß, wenn sie nicht mehr wachsen können. Deshalb ist keine Zeit mehr zu verlieren, und jeder Bodennutzer muß der ihm anvertrauten Erde helfen – er hilft damit sich selbst.

Im Ziergarten

Mit dem Wissen über die lebendige Erde und das Ökosystem Boden haben wir das nötige Rüstzeug erworben, wie wir das Bodenleben erhalten können. Das Leben in der Erde, das Voraussetzung für das Leben auf der Erde ist, besteht aus drei Komponenten:

- vielartigen Pflanzenwurzeln,
- reichem Bodenleben und dem
- lockeren Bodenraum.

Im Boden sollen Milliarden von Lebewesen zusammenleben und sich gegenseitig helfen. Sie brauchen dazu viele artenreiche Wurzeln. Das kommt unseren Plänen entgegen. Wir wollen auch in unserem Garten eine möglichst große Vielfalt haben, verschiedene grüne Pflanzen und bunte Blumen, Büsche, und wenn wir Platz haben auch Bäume. Alle diese Pflanzen müssen zueinander passen. Nur so entsteht die ortsgebundene *Pflanzengesellschaft*, die unser Gärtchen prägt und in die Landschaft paßt.

Wenn wir einen Garten neu anlegen, sollten wir den Boden so erschließen, wie es für alle geschädigten Böden geschildert wurde. Bei einer meist mit dem Hausbau verbundenen Neuanlage sollten wir bei der Grundplanung verlangen, daß die Planierraupe mit hinten angebrachten, zwanzig Zentimeter tief eingestellten Reißzinken arbeitet, um den befahrenen Boden aufzulockern. Der abgetragene Mutterboden sollte möglichst nicht mehr mit der Planierraupe aufgebracht werden, sondern in Haufen abgekippt und mit einem Kleingerät verteilt werden, dessen Spuren gelockert werden. Der zum Pflanzen vorbereitete Boden muß in jedem Fall vorher komplett durchgelockert sein.

Bei der Auswahl und Zusammenstellung der Pflanzen für unseren Ziergarten machen wir die meisten ökologischen Fehler. Wir sollten unserem Garten keine Exoten zumuten, nur weil es modisch ist. Es muß nicht unbedingt eine Blautanne sein oder eine Zeder. Unser kleiner Garten ist ein viel zu empfindliches System, als daß wir ihn mit Fremdlingen belasten dürften. Im kleinen Raum können wir nicht die Voraussetzungen schaffen, daß Fremdlinge sich vielleicht an unsere Pflanzengesellschaft gewöhnen und umgekehrt. Ob eine fremde Pflanze eines Tages vielleicht eine sinnvolle Ergänzung für unsere Ökosysteme darstellen wird, ist schwierig zu beurteilen.

Es ist ein sehr langer Prozeß, meist mit vielen schlechten Erfahrungen verbunden und immer mit der Gefahr, daß die Fremdpflanzen nicht nur unser System stören, sondern Krankheiten mitbringen oder besonders anfällig gegen heimische Krankheiten sind. Wir sollten diese Krankheiten, die Fremdlinge befallen, allerdings richtig werten. Meist gehören sie zum Selbstschutz unserer Systeme: Sie wollen den Fremdling nicht, also muß er krank werden und sterben. Nehmen wir diese Lehre von der Natur an, auch wenn es schmerzt. Arbeiten wir nicht immer gegen die Natur und zwingen wir sie nicht, uns zu folgen!

Unsere eigene Flora und Fauna ist doch groß und reich genug, um den heimischen Garten schön zu machen. Das gilt auch für den Blumenschmuck. Lassen wir uns nicht von den bunten Katalogen dazu verleiten, aus unserem Garten ein Statussymbol zu machen. Denken wir lieber daran, daß für alle diese Fremdlinge und Neuzüchtungen nicht gewährleistet ist, daß sie in unser Gartensystem hineinpassen und von den anderen Lebewesen in die Gemeinschaft aufgenommen werden, die das Leben aller sichert. Sonst schleppen wir den Kampf aller gegen alle in unseren Garten hinein, der auch dem Bodenleben schadet, das wir doch erhalten und pflegen wollen.

Leider wird die Entscheidung für das Überkommene, Ortsgebundene dadurch schwergemacht, daß wir die heimischen Pflanzen oft nicht mehr in der gleichen Zuchtform bekommen, wie sie sich früher selbst in den Gemeinschaften entwickelt haben. Auch hier wird zu viel vom Menschen eingegriffen. Das ist verständlich aus der Sicht des Züchters, der davon lebt, aber wir müssen selbst probieren und beobachten, ob sich Krankheit oder Mißwuchs an den Pflanzen zeigen und ob die Nachbarpflanzen beeinträchtigt werden.

Viele der unseren Großeltern vertrauten Pflanzen sind auch einmal Fremdlinge gewesen. Teils sind es Rückwanderer aus wärmeren Gebieten in unser Gebiet hinein, das vor einigen tausend Jahren noch vereist war oder zumindest ein andauernd kaltes Winterklima hatte. Diese Pflanzen waren damals in den warmen Süden ausgewichen und sind im Laufe der Jahrhunderte zurückgekommen. Das sind keine echten Fremdlinge, sondern hierhergehörige Rückwanderer. Insofern können wir bedenkenlos die Pflanzen bei uns kultivieren, auch wenn sie erst in den letzten hundert Jahren aus dem Mittelmeerraum zurückgekommen sind. Man denke zum Beispiel an so schöne Pflanzen wie den Weinbergslauch oder die Platterbsen, an verschiedene Wickenarten, die uns mit ihren bunten Blüten erfreuen, wie insbesondere die Zottelwicke. Solche Rückwanderer gab es auch früher schon.

Daneben gibt es auch echte Einwanderer aus wärmeren Gebieten. Viele Pflanzen, die in der Zeit der Kreuzzüge von den Kreuzfahrern mitgebracht worden sind, vor allem Gewürz- und Heilpflanzen, gehören dazu. Viele davon sind bei uns heimisch geworden. Wir können deshalb davon ausgehen, daß sie von der hiesigen Pflanzengesellschaft angenommen worden sind. Sie hätte sie sonst über Krankheit und andere Maßnahmen wieder »ausgebürgert«.

Glücklicherweise werden in den neueren Gartenbüchern die älteren Pflanzen wieder mit aufgeführt und besprochen. Die Großeltern können aus ihrem Gedächtnis auch mithelfen. Sie haben Veilchen und Levkojen erlebt, um nur zwei von den Pflanzen zu nennen, die einmal groß in Mode waren. Sie erinnern sich auch noch an den bildschönen Goldlack oder unsere alten Liliengewächse, alles Pflanzen, die im Zusammensein mit anderen große Bedeutung haben. Das trifft besonders für alle Knollenpflanzen zu. Sie sollten in allen Gärten vorhanden sein, zumal viele uns durch ausgefallene Blütezeiten erfreuen.

Wer besonderen Spaß an früherer Gartenkultur hat, dem sei

das wunderschöne, sehr gut beschreibende Gartenbuch des Altmeisters Böttner aus dem Ende des vorigen Jahrhunderts empfohlen. Es war damals das Gartenbuch schlechthin, und viele Ratschläge sind heute noch gut. Für richtige, vielartige Staudengesellschaften geben die Bücher des großen Staudengärtners Förster aus Potsdam, erschienen in den dreißiger Jahren, viele Anregungen.

Rasen oder Blumenwiese?

Die Vielartigkeit darf sich nicht nur auf Blumen, Büsche und Stauden erstrecken, auch der langweilige Grünrasen sollte verschwinden und einer vielartigen Blumenwiese Platz machen. Das ist für viele Menschen schmerzlich, die stolz darauf waren, einen kurzgeschorenen Rasen zu haben. Vom Wachstum und von der Zusammensetzung her paßt der kurzgeschorene Rasen überhaupt nicht in unser kontinentales Klima. Er gehört in das Feuchtklima Englands und Irlands, vielleicht auch noch an die Atlantikküste Frankreichs.

Abgesehen davon ist er für den Boden fast nutzlos. Er wird nämlich nur dann schön und kann dann oft gemäht werden, wenn er einen dichten Filz bestimmter Gräser bildet, die direkt oben auf dem Boden aufsitzen und nicht sehr tiefe Wurzeln haben. Deshalb muß er auch so oft beregnet werden, wodurch der Boden unter dem Rasen immer mehr verdichtet wird. Der »englische Rasen« ist also nichts weiter als ein Statussymbol. Die Erde braucht an seiner Stelle eine schöne bunte Wiese. Man kann sie zu bestimmten Zeiten kurz halten und grün werden lassen, als einen grünen Fleck, aber von Zeit zu Zeit müssen wir sie in ihrer vollen Schönheit blühen lassen, damit auch die einjährigen Pflanzen erhalten bleiben, die sich jedes Jahr selbst aussamen. Diese Blumenwiese soll nicht obenauf wachsen, sondern in die Tiefe wurzeln, damit sie die üblichen Trockenperioden übersteht, die unseren künstlich geschorenen Rasen so schnell braun werden lassen.

Zum Glück gibt es die Samen für die Blumenwiese heute wieder in fertigen Mischungen zu kaufen. Sie sind vielleicht nicht überall der örtlichen Pflanzengesellschaft angepaßt, aber bei der Vielfalt der beigegebenen Pflanzenarten ist dafür gesorgt, daß sich die Natur im Laufe der Jahre standortgemäß entwikkeln kann. Selbstverständlich muß auch vor der Ansaat einer Blumenwiese der Boden tief gelockert worden sein.

Da es schwierig ist, unter Büschen und Bäumen, unter Dauerkulturen wie Rosen, oder Rabatten und Steingärten den Boden immer wieder ganzflächig zu lockern, kann man hier höchstens mit Erdbohrern an freien Stellen Entlüftungslöcher bohren. Im Jahr darauf sollte man in die lockeren Erdhäufchen Tiefwurzler einsäen, wie z. B. ausdauernde Lupinen, auf Sandböden Sonnenblumen, auf schweren Böden Steinklee, um nur ein paar Beispiele zu nennen. Es ist zu hoffen, daß sich auch weitere Pflanzen an diesen gelockerten Stellen einfinden und damit wenigstens horstweise (nestartig) die Bodenbelebung verbessern. Auf jeden Fall müssen alle freien Erdflächen an Rabatten oder Staudenanlagen, auch unter größeren Büschen, mit Kompost oder Gras- oder Laubmulch abgedeckt werden.

Bei dieser Gelegenheit ist auch **Gesteinsmehl** im zeitigen Frühjahr auf allen dicht bewachsenen Flächen auszubringen.

Im Gemüsegarten

Die Flut an Veröffentlichungen und Büchern, die es über den Anbau von Gemüse gibt, zeigt, wie groß das Bedürfnis der Menschen ist, sich das ganze Jahr über mit Frischgemüse zu versorgen. Allerdings unterliegt auch das Gemüse dem Jahresrhythmus, und nur dann, wenn die Pflanzen in ihrer natürlichen Umgebung in dem ihnen gemäßen Zeitraum wachsen durften, darf man annehmen, daß sie das Höchstmaß an Wertstoffen für den Menschen enthalten.

Pflanzen, die in der kalten Jahreszeit in beheizten Glashäusern und unter Kunstlicht gewachsen sind, können keineswegs die gleichen Inhaltsstoffe aufweisen wie diejenigen, die im lebendigen Boden unter freiem Himmel mit vollem Sonnenlicht gereift sind. Aus dem eigenen Garten frisch geerntetes Gemüse wirkt außerdem in der Ernährung den Schadstoffen entgegen, denen der moderne Mensch nicht entrinnen kann. Gerade deshalb ist es besonders notwendig, auf jeglichen Einsatz von Chemikalien im Garten zu verzichten!

So umfangreich die Literatur über biologisches Gärtnern ist, so wenig wurde bisher über die Bodenpflege im Garten geschrieben. Dabei hat der Garten sehr viele ökologische Vorteile. Im Gartenbau verfügt man über eine viel größere Vielfalt von Nutzpflanzen, als sie der Landwirt zur Verfügung hat. Da im Gartenbau praktisch keine größeren Maschinen eingesetzt werden, kann man die Pflanzen beliebig untereinander mischen und verteilen, man ist nicht auf große, einheitlich bepflanzte Flächen angewiesen. So entstehen im Garten Mischkulturen mit einer großen Artenvielfalt und verschiedenen Wurzelsystemen, die den Boden erschließen.

Wird ein Gemüsegarten neu angelegt, bieten sich verschiedene Vorgehensweisen an. Am günstigsten ist es, wenn man ein Jahr für die Bodenvorbereitung reservieren kann und erst im Jahr darauf das erste Gemüse erntet. In diesem Fall könnte eine gründliche Bodenlockerung auf der gesamten Gartenfläche und ein intensiv wurzelndes *Gründüngungsgemenge* den Boden in optimaler Weise für den folgenden Gemüsebau im nächsten Jahr vorbereiten. Wenn man nicht soviel Zeit hat, kann man die Rekultivierung (Lockerung und Grüngemenge-Ansaat) auf einem Teilstück des Gartens machen, das gleiche im nächsten Jahr auf dem nächsten Teilstück, während auf dem Rest des Gartens schon Gemüse gepflanzt wird. Diese Methode des jährlichen Freibleibens von Gemüseflächen für die Gründüngung nach einer Bodenlockerung sollte auch auf die Dauer angestrebt werden, denn ein regelmäßiges Rekultivieren des Bodens erhält ihn am sichersten lebendig. Wer nur eine sehr kleine Fläche zum Anbau des Gemüses zur Verfügung hat, muß die Rekultivierung im sogenannten *Zwischenfruchtbau* machen – nachdem eine Gemüseart, die früh reif ist, geerntet wurde, wird der Boden im Sommer gelockert und für den Rest des Jahres mit einem tief wurzelnden Gemenge versehen, bis im nächsten Jahr wieder ein anderes Gemüse darauf steht.

Lockern

In jedem Fall ist davon auszugehen, daß sich der Gartenboden immer wieder verdichtet und deshalb rekultiviert, also gelockert und mit tiefwurzelnden Pflanzengemischen angesät werden muß. Dazu stellt man zunächst den Bodenzustand mit Hilfe der Spatendiagnose fest, prüft Art und Umfang der Bodenverdichtung und lockert anschließend den Boden. Der richtige Zeitpunkt zur Bodenlockerung ist auch im Garten mit der Fingerdruckprobe festzustellen – der Boden muß beim Zusammendrücken in kleine Stücke zerfallen.

Auch hier gelten wieder die Grundsätze, daß diese Arbeit bei warmem, trockenem Boden vorgenommen wird und die Bodenschichten aufgerissen, aber nicht durchmischt werden dürfen. Deshalb ist das Umgraben des Bodens mit dem Spaten nicht ideal, da so der Boden umgedreht wird. Das ist solange nicht schlimm, als man nicht tief einsticht, aber in diesem Fall wird eben auch nicht tief genug gelockert. Deshalb sollte man eine Grabgabel verwenden, die man nach dem Einstechen in den Boden nur nach vorne und hinten bewegt, um so den erfaßten Bodenblock aufzulockern, ohne ihn aus der Erde zu heben.

Oft wird auch der sogenannte *Sauzahn* für diese Arbeit empfohlen, ein gebogenes Werkzeug mit einer kleinen Scharspitze, das durch den Boden gezogen wird. Diese Arbeit ist jedoch sehr schwer, wenn sie in der erforderlichen Tiefe von etwa 20 bis 30 Zentimetern geleistet wird. Man sollte deshalb zunächst etwas flacher lockern und im zweiten Arbeitsgang erst auf die volle Tiefe gehen. Da man aber in sehr engen Abständen von etwa 10 Zentimetern arbeiten muß, um wirklich die ganze Fläche durchzulockern, ist dies eine sehr anstrengende Arbeit und nur auf kleinen Stücken möglich.

Für größere Gartenflächen ist die Handarbeit meist zu aufwendig und anstrengend. Die ideale Lösung wäre ein Zugtier vor einem Lockerungsgerät, aber diese Möglichkeit wird heute wohl die Ausnahme bleiben. Deshalb kommt auf manchen großen Gartenstücken oder im Erwerbsgartenbau ein kleiner, leichter Schlepper in Frage, wenn der Boden nicht zu druckempfindlich ist und zum Zeitpunkt der Bearbeitung noch trokkener ist als bei der Handarbeit. Nur dann läßt sich das große Gewicht der Maschine auf dem Boden einigermaßen rechtfertigen. In Weinbaugegenden kann ein benachbarter Weinbauer mit seiner Seilwinde aushelfen und das Lockerungsgerät durch den Gartenboden ziehen, ohne den Boden befahren zu müssen.

In beiden Fällen dient als Lockerungsgerät am besten ein kleiner Pflug, von dem das sogenannte *Streichblech* abgenommen wird. Dieses für Pflüge typische gebogene Blech dient im Normalfall dazu, den Boden zu wenden, also umzudrehen, was bei der tiefen Lockerung vermieden werden soll. Wenn man dieses Blech abschraubt, entsteht ein ideales Wühlgerät, das den Boden wunderbar lockert, ohne ihn zu durchmischen.

Für eine wenigstens 2,5 PS starke Fräse kann man sich ein behelfsmäßiges Lockerungsgerät selber herstellen: Diese Fräsen laufen hinten auf einem Sporn, mit dem der Tiefgang reguliert werden soll. Man besorgt sich einen zweiten Sporn und läßt sich von einer Werkstatt an Stelle des Schleifbügels ein Schar, ähnlich wie bei einem Sauzahn, anschweißen. Dieses herzförmige Stück Stahl muß so schräg angeschweißt werden, daß es sich beim Vorwärtsgang der Fräse von selbst in den Boden einzieht und den Boden von unten auflockert. Setzt man die Fräse auf festem Boden ein, so genügt die Zugkraft der Fräsmesser, um das Lockerungsschar mit durchzuziehen. Den Tiefgang muß man mit der Hand an den Holmen regulieren. Gelegentlich muß man etwas anheben, wenn sich die Fräse festzudrehen droht, bis sie wieder greift und das Gerät weiterführt.

Man sollte nicht versuchen, durch mehrmaliges Fräsen ohne dieses Lockerungsschar eine tiefere Bodenlockerung zu erreichen. Die Fräse ist ein »Kompromißgerät«: Sie zerkleinert zwar den Boden, zerschneidet aber sehr viele gewachsene Bodenkrümel und kann nicht richtig durch Hochbrechen lockern. Das Verschmieren der Schnittflächen ist schlecht für die Durchlüftung der Bodenstücke, und bei höheren Drehzahlen vernichtet diese Maschine einen Teil des Bodenlebens, vor allem größere Lebewesen wie die Regenwürmer.

Lebendverbauung

Nach erfolgter Bodenlockerung muß der lockere Boden durch Pflanzenwurzeln gesichert werden. Deshalb wird der Boden nach der tiefen Lockerung oberflächlich eingeebnet, dies geschieht im Garten meist mit einem Rechen. Anschließend wird sofort ein Gemisch von Pflanzen ausgesät, die den Boden rasch und tief durchwurzeln und beleben. Zwei Beispiele für die Zusammenstellung von solchen Gründüngungsgemischen sind in der Übersicht aufgeführt. Wenn man die Gründüngung bis zum ersten Drittel des Juli sät, wird der Boden bis zum Frosteintritt genügend durchwurzelt. Zur Anwendung kommt dann die Mischung 1, deren Pflanzen im Regelfall über Winter abfrieren und dadurch die Herrichtung des Landes im Frühjahr erleichtern. Kommt man erst Ende Juli/Anfang August zur Aussaat, müssen die Pflanzen auch bei niedrigeren Bodentemperaturen im Herbst, Winter und im Frühjahr noch weiterwachsen können, um den gewünschten Rekultivierungseffekt zu erzielen. Da dann die grüne Blattmasse erst Ende April beseitigt werden sollte, bleiben nur Kartoffeln, Tomaten, Spätkohl oder Zweitaussaaten für den Gemüseanbau im Folgejahr übrig. In diesem Fall wählt man das Gemisch 2 mit einem hohen Anteil an frostharten Pflanzen.

Gründüngungsmischung 1, ohne frostharte Pflanzen, Saatmengen in g je 100 m²

Platterbse	400 g
Sommerwicke	400 g
Erdklee	50 g
Wundklee	50 g
Fadenklee	20 g
Hornschotenklee	20 g
Phacelia	20 g
Buchweizen	50 g
Sonnenblumen	20 g

Gründüngungsmischung 2 für spätere Aussaat und Weiterwachsen im Frühjahr, Saatmengen in g je 100 m²

Zottelwicke (Vicia villosa)	200 g
Inkarnatklee	100 g
Platterbse	200 g
Rotklee	100 g
Schwedenklee	100 g
Weißklee	50 g

Niedrige Kleearten für die Einsaat zwischen den Reihen: Weißklee, Gelbklee, Erdklee, Wundklee, Fadenklee.

Man kann diese Gemische mit anderen Pflanzen ergänzen, nur nicht mit solchen Pflanzen, die auch als Nutzpflanzen angebaut werden. Im Garten kommen wir ohne diese tiefwurzelnden Pflanzen auf keinen Fall aus, da die meisten Gemüsepflanzen von Natur aus nicht tief wurzeln. Ausnahme davon sind natürlich die Wurzelgemüse wie Karotten, Schwarzwurzeln usw., die ganz besonders gut auf einen tief lockeren Boden reagieren, aber auch alle anderen Gemüsearten bilden auf tief gelockerten Böden wesentlich mehr und tiefere Wurzeln aus als auf verdichteten.

Von den Kleearten gibt es viele kleinwüchsige, die wir getrost zwischen die Gemüsereihen einsäen können, sobald das Gemüse eine gewisse Höhe erreicht hat. Dies entspricht einer Untersaat, wie sie der Landwirt im Getreide macht. Dazu sollten wir Reihenabstände von 50 cm haben, damit wir genügend Platz haben, die Untersaat einzubringen und sie kurz zu halten, denn selbstverständlich soll sie nicht über die Nutzpflanzen hinwegwachsen.

Bei der Beseitigung der Gründüngung ist zu unterscheiden, ob wir die Grünmasse nur heruntersetzen wollen und sie noch einmal weiterwachsen soll oder ob sie ganz beseitigt werden muß, um einer Neuansaat oder Pflanzung Platz zu machen. Wenn man Pflanzen am Weiterwachsen hindern will, müssen sie knapp unter der Erdoberfläche abgeschnitten werden, so daß das sogenannte Pflanzenherz zerstört wird, aus dem sie sonst meist wieder neu austreiben würden. Dazu sind flach schneidende Hackwerkzeuge oder auch eine wirklich flach eingesetzte Fräse geeignet. Wenn die Pflanzen nur kurz gehalten werden sollen, aber das Wurzelwachstum weitergehen soll, müssen sie oberhalb der Erdoberfläche abgeschnitten werden. Am besten mäht man etwa 10 bis 20 cm hoch ab und läßt die langen Stoppeln stehen, auf die dann die abgeschnittenen grünen Blätter locker heruntersinken, damit sie sich nicht zu einem Fäulnispaket am Boden zusammensetzen, sondern an der Luft langsam verrotten. Am besten wäre es, Grünmasse immer zu kompostieren, denn *in* den Boden gehört frische Grünmasse auf keinen Fall – das kommt in der Natur nicht vor, und deshalb kann das Bodenleben keine vergrabene Grünmasse verarbeiten. Sie würde verfaulen und dabei Gifte entwickeln, die das Wurzelwachstum stark behindern können. Deshalb darf Grünmasse allerhöchstens ganz locker und luftig an der Bodenoberfläche verrotten *(Flächenkompostierung)*.

In diesem Zusammenhang ein Wort zum Unkraut: Sicherlich stört Unkraut in manchen Zeiten sehr. Es wird z. B. immer ein Problem bleiben, die sehr langsam wachsenden Mohrrüben von den in der Reihe mitwachsenden Unkrautpflanzen freizuhalten. Hier muß das Unkraut aus der Reihe entfernt werden, bis die Möhren kräftig genug sind, um die anderen Pflanzen zu unterdrücken.

Aber auch zwischen den Reihen hat man bisher das Unkraut immer mit sehr viel Hackarbeit beseitigt. Das ist problematisch, denn erstens verschlechtert sich ein nackter Boden immer, und zweitens sind sehr viele Unkrautpflanzen ausgesprochen gute Durchwurzler, die vor allem viele Feinwurzeln in den Boden bringen und damit zu einem artenreichen Bodenleben verhelfen. Aus diesen Gründen sollte man das Unkraut (besser sollte man Wildkräuter oder Beikräuter sagen) möglichst nicht mit der Wurzel beseitigen. Nur wenn man eine Gemüsereihe freihalten will wie bei den angesprochenen Möhren, sollte man jäten, also mit der Wurzel herausziehen. Sonst kann man das Unkraut mit einer flach schneidenden Hacke kurzhalten, damit es weiterwachsen kann. Am besten eignet sich dafür die Pendelhacke, ein Werkzeug mit einem vorne und hinten angeschärften Messer, das nach vorne gestoßen und nach hinten flach durch den Boden gezogen werden kann.

Ausgenommen von dieser Empfehlung sind selbstverständlich **Wurzelunkräuter** wie der Ampfer und der Löwenzahn. Sie sollten auf jeden Fall ausgestochen werden, damit sie sich nicht vermehren.

Eine elegante Lösung, um Unkraut kurz zu halten, ist ein sogenannter Freischneider – ein motorgetriebenes Gerät, das wie eine Sense getragen werden kann und mit rotierenden Kunststofffäden die Blattmasse über der Erde abschlägt. Wenn man damit zwischen Gemüsereihen arbeiten will, kann man sich rechts und links Schutzbleche anbringen, um die Gemüsepflanzen nicht zu verletzen, und eventuell auf zwei höhenverstellbaren Kufen das Gerät zwischen den Reihen hindurchführen. Damit könnte man das Unkraut oder die Gründüngung ohne Mühe mehrmals im Jahr kurzhalten, ohne die Wurzeln zu zerstören, die im Gegenteil sogar jedesmal wieder einen neuen Wachstumsschub bekommen.

Der Gartenplan

Zur Pflege des gefährdeten Bodenlebens gehört weiterhin eine bestimmte Anordnung der Gemüsepflanzen zueinander im Gartenplan. Beete machen recht viel Arbeit und bringen zuviel gleiche Pflanzen an die gleiche Stelle. Sie sind ökologisch nicht sehr sinnvoll. Viel einfacher ist die Einteilung in Pflanzenreihen, weil man so die verschiedenen Pflanzenarten leichter nebeneinanderstellen und so die positiven Wirkungen der Pflanzengesellschaften ausnutzen kann. Ein Schema einer »Reihen«-Folge ist im folgenden gezeigt. Der Reihenabstand kann 40 cm sein, wenn vorwiegend gehackt oder nur Unkraut in den Reihen belassen wird, er sollte 50 cm sein, wenn Gründüngung eingesät werden soll. Die Reihenfolge ergibt sich im wesentlichen aus dem gewünschten Nachbarschaftsverhältnis. In jedem Jahr wandert man nun mit den Gemüsearten um eine oder in größeren Gärten um zwei Reihen weiter, damit auf keinen Fall **Bodenmüdigkeit** entstehen kann. Nur bei Kulturen, die sehr viel mehr Reihen beanspruchen, muß man sich beim Weiterrücken nach deren Reihenzahl richten. Mit dieser Methode entsteht von selbst die *Fruchtfolge*, weil ja immer weitergerückt wird und so jede Art im nächsten Jahr auf eine andere Gartenstelle kommt.

Gehören Erdbeeren in die Fruchtfolge, so muß man bei deren üblicher zweijährigen Nutzung mit der doppelten Reihenzahl rechnen, da die Reihe für das nächste Jahr schon im Vorjahr im August gepflanzt werden muß. Deshalb sieht man als Nachbarreihe am besten Erbsen vor, die den Boden gut vorbereiten und mit ihrer frühen Ernte rechtzeitig Raum schaffen für die Erdbeerpflanzung.

Schematischer Gartenplan, Einteilung in Reihen

--- Erdbeeren
--- Erdbeeren
--- Erbsen
--- Erbsen
--- Bohnen
--- Bohnen
--- Zwiebeln
--- Möhren
--- Zwiebeln
--- Möhren, Pastinaken, rote Bete, Schwarzwurzeln, Petersilie
--- Tomaten, Paprika, Frühkohl, Brokkoli
--- Spätkohl
--- Lauch
--- Sellerie
--- Kartoffeln
--- Gründüngung
--- Gründüngung

In die Reihen können weitere Pflanzen eingemischt werden, z. B. Knoblauch zwischen Kraut und Kohlrabi, einzelne Salat- und Radieschensamen in die Möhrenreihen. Salat sollte alle 1 bis 2 Wochen beim Säen und Pflanzen immer wieder mitgesteckt werden, Gewürzpflanzen wie Dill, Kerbel, Kümmel können einzeln in den Reihen verteilt werden.

Die Kartoffel ist ein sehr angenehmes Fruchtfolgeglied. Die hierfür vorgesehenen Reihen können im Winter vor der Bestellung mit Stallmist oder einer besonders dicken Kompostdecke versehen werden. Die Arbeiten bei der Pflege der Kartoffeldämme durchlüften den Boden sehr gut, so daß sich eine große Wurzelmasse bilden kann. Nach Abernten der Kartoffeln bleibt Zeit für eine gute Gründüngung, da die im Eigenbau meist verwendeten frühen oder mittelfrühen Sorten das Land um den 10. September herum freigeben, was für eine frostharte

Gründüngung, die über den Winter stehenbleibt, genug Zeit läßt.

Das Land sollte ohnehin über den Winter bedeckt sein: mit einer Gründüngung, mit Resten von Gartenpflanzen oder Unkraut, Laub oder Stroh. Nur einen Teil der Gartenfläche, auf dem sehr früh bestellt werden muß, z. B. die Mohrrübenreihen, sollte man schon vor dem Winter so vorbereiten, daß sich im Frühjahr mit einmaligem leichten Durcharbeiten eine gute Saatbettstruktur herstellen läßt. Alles andere wird erst im Frühjahr eingearbeitet, oder, wenn die Masse zu dick liegt und nicht verrotten kann, abgerecht. Für Pflanzen wie Kohlrabi, Frühkraut usw. kann man die Bedeckung liegenlassen und nur die Streifen frei machen, in die die Pflanzen gesetzt werden. Das abgefrorene Material wird mit der Zeit eingehackt oder durch neue Bodendecke ergänzt.

Unsere Pflanzen ernähren sich vom unterirdischen Stoffkreislauf – gespeist von Pflanzenwurzel-Resten und Kompost. Sie brauchen keinen Dünger im landläufigen Sinne, schon gar keinen leichtlöslichen Mineraldünger. Zur Anregung des Bakterienlebens dient das Gesteinsmehl. In der Anlaufzeit und bei Kompostmangel können auch organische Dünger fremder Herkunft eingesetzt werden, da das organische Material aus Garten und Haushalt für die angestrebten Kompostmengen meist nicht ausreicht. Bei der Zufuhr von organischen Stoffen von außen könnten sinnvollerweise auch schadstoffarme Müllkomposte aus den Städten Verwendung finden. Das von außen zugeführte Material muß jedoch frei von Chemikalien und Schadstoffen sein. Das früher so beliebte Gras und Unkraut von Straßenrändern enthält zuviel Blei und Reste von Streusalz, beides sollte nicht in unseren Gartenboden kommen. Auch das Laub von Bäumen reichert sehr viele Schadstoffe aus der Luft an, deshalb sollte nur Laub von Bäumen außerhalb von Siedlungen kompostiert werden.

Einen erhöhten Schadstoffgehalt des Kompostmaterials kann man daran erkennen, daß selbst bei Zugabe von Komposttartern (Bakterienpräparate) die Kompostierung nach

3–4 Wochen noch nicht begonnen hat. Mit einem fertigen Kompost sollte man zur Prüfung auf giftige Inhaltsstoffe und Reifegrad den *Kressetest* machen: Man gibt ein wenig Kompost in eine Untertasse mit etwas Wasser, legt Kressesamen darauf und prüft, ob und wie viele Kressekörner keimen und ob die Pflänzchen sich rasch und gesund grün entwickeln. Ist dies nicht der Fall, sollte man das Material nicht im Nutzgarten ausbringen. Nach einer längeren Kompostierungszeit kann es als Auflage auf besser verrottende Schichten, etwa unter Büsche, ausgebracht werden. Auch die Beobachtung der Regenwürmer im Komposthaufen gibt einen Anhaltspunkt für die Kompostqualität, obwohl der Regenwurm weniger empfindlich auf Schadstoffe reagiert als die Kresse.

Der Kompost dient weniger der Ernährung der Pflanzen als der Humusbildung im Boden, vor allem in der Oberkrume. Die Ernährung der Pflanzen muß ja aus dem gesamten belebten Bodenraum geleistet werden, und dafür ist eine tiefreichende dichte Bewurzelung notwendig. Die Humusbildung der Oberkrume ist im Garten jedoch besonders wichtig, weil hier sehr viel öfter gesät und gepflanzt wird als in der Landwirtschaft und deshalb die Bodendecke sehr stabil sein muß gegen die vielen störenden Eingriffe. Die Bodenoberfläche muß Bodenbedeckung und Lebensschutz sein und gleichzeitig das Keimen, Wachsen und Gedeihen vieler Pflanzen in diesem flachen Bereich ermöglichen. Im Garten gibt es eine Reihe von Pflanzen, die eine lange Keimdauer haben wie z. B. die Mohrrüben, so daß in dieser Zeit die Bodenoberfläche offengehalten werden muß. Je humoser die Oberkrume ist, je besser sie mit Kompost angereichert ist, um so leichter wird sie auch für diese Zeit einen Schutz gegen Regen, Wind oder Austrocknung bieten können, ohne daß das Durchstoßen der schwachen Keimlinge beeinträchtigt ist. So hat der Kompost im Garten zu Recht seine Bedeutung, jedoch nicht zur Pflanzenernährung, sondern im Zusammenhang mit der Bodenentwicklung als Ganzem und dem Schutz des Bodens durch eine humose Oberkrume.

Wasser im Garten

Eine große Bedeutung hat die humose Oberkrume für den Wasserhaushalt. Solange der Boden nicht tief genug durchwurzelt ist, ist seine Wasserkapazität gering. Andererseits verbrauchen viele Gartenfrüchte mit ihren großen Blattmassen im warmen Sommer sehr viel Wasser. Jeder Gartenbesitzer wässert regelmäßig, sei es mit Gießkanne, Schlauch oder Regner. Künstliches Wässern kann dem Boden leicht gefährlich werden, auch wenn die Verteilung noch so fein ist.

Die Menge je Zeiteinheit ist immer viel zu groß, und ebenso sind es die Tropfen, als daß sie der Boden langsam aufnehmen und richtig verarbeiten könnte. Es kommt zu Bodenauflösungen, zu Einschwemmungen, die zum Teufelskreis der Bodenverdichtung mit nachfolgender Bodenverarmung führen. Je höher die Wasserspeicherung im Boden ist, also je tiefer durchwurzelt er ist, je optimaler sein Zustand ist, desto seltener ist Wassergabe nötig. Damit wird nicht nur die **Verschlämmung** gemindert, sondern es werden auch Kosten gespart. Oftmals ist die Qualität des Wassers schlecht, je nachdem, ob es als »totes« Wasser aus Aufbereitungsanlagen stammt oder als zu hartes, mit Nitrat verseuchtes Wasser aus Tiefbrunnen.

Das Ziel der Bodenentwicklung im Garten sollte daher sein, für alle normalen Bedürfnisse der Pflanzen genügend Wasser im Boden zu speichern, so daß nur für das Anwachsen von Pflanzen in der sehr warmen Jahreszeit gelegentlich eine zusätzliche Wassergabe mit der Gießkanne oder dem Schlauch nötig ist. Der Schaden durch künstliche Wassergabe liegt nicht nur in der Bodeneinschwemmung und der oberflächennahen Krustenbildung, sondern zwingt auch die Pflanzen, die im Boden befindlichen freien Mineralien aufzunehmen. Wird nach einer Trockenperiode Gießwasser gegeben, so werden vorhandene Salze sofort gelöst, und die Pflanze nimmt mit ihrem Nachholbedarf an Wasser relativ große Mengen an Mineralien auf. Diese belasten den Pflanzenkörper, was sich am Aussehen der Pflanzen bemerkbar macht. Viele dieser wasserlöslichen

Mineralien werden in den Blättern eingelagert, weil die Pflanze diese Stoffe selbst nicht verwerten kann, sie bleiben dort bis zum Verzehr durch den Menschen.

Auf diese Weise kann man sich aus dem eigenen Garten Schadstoffe einhandeln, man denke nur an Nitrat in Blattgemüsen, das auf dem Weg durch den Körper Umsetzungen zu krebserregenden Stoffen unterliegen kann. Gerade weil wir im Garten oft nicht ohne künstliche Wassergabe auskommen, sei es in Pflanzzeiten oder solange die Bodenentwicklung noch rückständig ist, dürfen wir dem Boden wasserlösliche Stoffe auf keinen Fall zuführen. Wir müssen auf Mineraldünger verzichten, deren Schadwirkung auf das Bodenleben bereits ausführlich dargestellt wurde. Statt der leichtlöslichen Mineraldünger sind bakterienbelebende Gesteinsmehle für den Gartenboden zu empfehlen. Vor allem während des Aufbaus des Bodenlebens sollte man öfter kleine Gaben, auf kalkarmen Böden mit etwas Algenkalk vermischt, ausstreuen.

Die ökologisch richtige Entwicklung und Förderung des lebendigen Gartenbodens ist für die meisten Gartenbesitzer Neuland. In diesem Buch können nur einige Grundlagen vermittelt und erste praktische Lösungen vorgestellt werden. Aber wie alle ökologischen Forderungen können auch diese in erster Linie nur aus ständiger Beobachtung erwachsen, und die Maßnahmen müssen ebenfalls wieder durch Beobachtung kontrolliert werden.

Je mehr Kenntnisse wir z. B. über das Verhältnis der Pflanzen untereinander, insbesondere über ihre Freundschaftsverhältnisse, erwerben, um so leichter können wir die Mischkulturen und Fruchtfolgen verbessern. Die Einteilung der Fruchtfolge nach humuszehrenden und humusmehrenden Früchten reicht dafür alleine nicht aus. Wir müssen unser Augenmerk darauf richten, wie sich die Pflanzen gegenseitig stützen, wie z. B. die Zwiebelgewächse die Möhren, und daß wir bei allem immer die richtige Bewurzelung erreichen. Nur dann können wir in Zukunft vielleicht die Rekultivierung der Böden immer mehr den Pflanzen und dem Bodenleben wieder alleine überlassen.

Behandeln wir den Boden richtig, so werden auch unsere Pflanzen gesund aufwachsen und keine Krankheiten zeigen. Finden wir kranke oder von Schädlingen befallene Pflanzen, so hat das immer eine Ernährungsstörung und damit eine Wurzelschädigung zur Ursache. Es hat wenig Sinn, nur die Krankheiten zu bekämpfen, sondern man muß dafür sorgen, daß der Wurzelraum gesund ist – dann werden es die Pflanzen auch.

Selbstverständlich muß jegliche Chemie vom Garten fernbleiben, und zur Unterstützung der biologischen Pflanzenpflege sollten wir mit Blütenpflanzen Insekten anlocken. Die Gartenumgebung sollte sich durch verschiedenartiges Strauchwerk, Brennesseln und andere Wildpflanzen auszeichnen. Nur solche reichhaltige *Biotope* locken auch Vögel wieder an. Mit Nistkästen können wir den Vögeln den Aufenthalt im Garten angenehm machen. All dies gehört dazu, wie wir Mutter Erde in unserem Garten wieder reich und fruchtbar machen können.

In der Landwirtschaft

Die Hälfte der Bodenfläche Mitteleuropas wird von Landwirten bewirtschaftet – so hängt die Landwirtschaft nicht nur von der Fruchtbarkeit des Bodens ab, sondern sie trägt auch die größte Verantwortung für den Boden und seine Gesundheit. Der Bauer ist aber heute in einer besonders schwierigen Lage:

Der Zwang einer falschen Agrarpolitik, der Druck des ständigen Kaufkraftverlustes der Erlöse hatte zur Folge, daß die meisten Landwirte ihre Betriebe und Produktionsmethoden in den letzten 30 Jahren fast völlig umgewandelt haben. Der Landwirt wurde von den Erkenntnissen einer Wissenschaft unterstützt, die durch unheilvolle Spezialisierung mit aus dem Zusammenhang gerissenen Experimenten die Natur korrigieren zu müssen glaubte. Verführt von niedrigen Energiepreisen und getäuscht durch kurzfristige Erfolge, haben die meisten, wenn auch viele mit großen Bedenken, ihre Bewirtschaftungsweise geändert. Dem Bauern wurde der auf Gewinn wirtschaftende

Unternehmer als Vorbild hingestellt. Das führte zur *Industrialisierung der Landwirtschaft* mit hohem Fremdinvestitionsdarf, zu Betriebsvergrößerungen mit extremen Maschinenkosten und zur Überlastung der eigenen Arbeitskraft.

Mit wenigen Schlagworten lassen sich die Lehr- und Beratungsinhalte beschreiben, die diese Entwicklung kennzeichnen: Betriebsvereinfachung statt organischem Betriebsaufbau mit Stoffkreislauf, Spezialisierung mit risikoreichem Kapitalaufwand statt Vielfalt, Monokultur statt Fruchtwechsel, Betriebsvergrößerung mit schweren Großmaschinen statt Betriebsanpassung an die Arbeitskraft, Maximalleistung von Pflanze und Tier, Krankheitsbekämpfung statt Gesundheitsvorsorge.

Das biologische Ergebnis dieser Maßnahmen besteht in der Abnahme der natürlichen Bodenfruchtbarkeit und der Gesundheit von Pflanze und Tier neben den bekannten Folgen für die bäuerliche Existenz. Schwere Verdichtungen, zunehmende Erosion, immer höherer Dünger- und Pflanzenschutzmittelbedarf und vor allem die Auswaschung von Giftstoffen ins Trinkwasser zeigen deutlich, daß die Gesundheit der landwirtschaftlichen Böden rapide abnimmt. Bodenfruchtbarkeit aber ist die Voraussetzung aller Lebensgemeinschaften auf dieser Welt, Gesundheit die Folge einer guten Bodenbewirtschaftung und Einordnung aller Maßnahmen in die ökologischen Gesetze. Bodenfruchtbarkeit ist der sichtbare Ausdruck der Zusammenarbeit von Pflanzenwurzeln und Bodenleben im Bodenraum unter einer schützenden Oberkrume. Energie fließt dem System von der Sonne über die grünen Blätter und Wurzeln zu. Materie und Energie werden in Kreisläufen über und unter der Erde umgeformt. Die bisherige Betrachtung richtete sich vor allem auf den Stoffumlauf über der Erde, während die ökologische Betrachtung zur Kenntnis des viel größeren und bedeutenderen unterirdischen Geschehens zwischen Wurzeln und Bodenleben geführt hat.

Je größer die Wurzelmasse (gespeicherte Sonnenenergie in energiereichen Stoffen), um so größer die Menge des Bodenlebens, je größer die Wurzeloberfläche, um so rascher die Umsetzungen, je artenreicher die Wurzeln, um so artenreicher das Bodenleben. Wenn die Bodenleistung in der Tiefe niedrig war, so kann durch veränderte Bodenbewirtschaftung die Erntemenge kräftig vermehrt werden. Der ökologische Landbau ermöglicht daher ebenso hohe und sogar auf Dauer höhere Ernten, als sie der konventionelle Landwirt kurzfristig durch meist synthetisch-chemische Stoffe erzwingt.

Der ökologische Landbau fordert aber auch die Beachtung der im wesentlichen drei für die Ökosysteme unerläßlichen Grundregeln:

1. Vielartigkeit des Pflanzenwuchses
2. Dauernde Bodenbedeckung
3. Vermeidung aller schädigenden Eingriffe in die Arbeit der Lebensgemeinschaft.

Der ökologische Landbau bietet die Möglichkeit, diese Forderungen zu erfüllen, dabei teure Betriebsmittel einzusparen und qualitativ hochwertige Produkte herzustellen. Da es sich um die Umstellung biologischer Prozesse handelt, braucht die neue Betriebsentwicklung Zeit. Diese Zeit läßt sich durch eine gut geplante und richtig durchgeführte Umstellung verkürzen.

Die Umstellung auf ökologische Bewirtschaftung

Bei der Betriebsumstellung hilft die vorherige Überlegung und Planung, gemeinsam mit einer nach ökologischen Gesichtspunkten ausgerichteten Beratung, Fehler und Schwierigkeiten zu vermeiden. Die neuen Maßnahmen müssen erst erlernt werden, andere Terminfolgen sind einzuhalten, vielleicht sind auch andere Geräte einzusetzen. Ökologischer und konventioneller Landbau sind zwei in sich geschlossene, verschiedene Wirtschaftsweisen. Da in der Regel nicht die gesamte Betriebsfläche sofort umgestellt wird, muß am Anfang zweigleisig gefahren werden. Umgestellte Flächen und Umstellungsflächen muß man ökologisch, die noch nicht umgestellten konventionell bewirtschaften. Natürlich sollte man sich bemühen, auf den noch nicht umgestellten Flächen die Chemie so sparsam wie möglich einzusetzen, von Herbiziden ist ganz abzusehen. Wie alle wesentlichen Entschlüsse im landwirtschaftlichen Betrieb wird der Entschluß zur Umstellung im Winter oder noch im zeitigen Frühjahr gefaßt werden. Die Umstellung selbst beginnt zwischen Ende Juni und Anfang August mit der Rekultivierung der ersten Umstellungsflächen.

Wieviel Prozent der Fläche im ersten Jahr umgestellt wird, hängt davon ab, wie viele Felder mit Früchten bestellt sind, die früh geerntet werden (»frühräumend«), denn die Rekultivierung soll bei warmem Boden im Sommer erfolgen. Am besten eignen sich dafür die mit Wintergerste bestellten Felder, aber auch Raps, Frühkartoffeln, Winterroggen oder Futterflächen nach dem ersten Schnitt kommen in Frage. Um eine möglichst kurze Gesamtumstellungszeit zu erreichen, sollte man von diesen Früchten ohne Rücksicht auf die Fruchtfolge wieder so viel anbauen, daß im folgenden Jahr wieder eine große Fläche nach früher Ernte für die Rekultivierung frei wird.

Nach der Ernte der genannten frühräumenden **Hauptfrüchte** wird die Rekultivierung, also die Bodenentwicklung durch Tieflockerung und Grüngemenge-Ansaat, im *Zwischenfruchtbau* durchgeführt. Im Folgejahr kann dann bereits wieder eine Hauptfrucht auf der umgestellten Fläche geerntet werden.

Die Schritte der Rekultivierung:

Zuerst müssen die Ernterückstände der Vorfrucht flach (max. 8 cm tief) so eingearbeitet werden, daß durch reichliche Luftzufuhr die Verrottung rasch beginnt *(Mulchen)*. Getreidestroh sollte jedoch vom Acker abgefahren und mit Stallmist kompostiert werden, da es die Keimung der folgenden Ansaat behindern würde. Wenn das nicht möglich ist, sollte es zumindest so kurz wie möglich gehäckselt werden. Zum Mulchen von trockenen, kurzen Getreidestoppeln genügt ein leichter Grubber; je mehr Stroh oder Grünbewuchs vorhanden ist, um so wichtiger ist das Abschneiden und Einmulchen. Dafür sind Scheibenegge, Schälpflug, Schälgrubber oder bei großen Mengen die flach eingesetzte Fräse geeignet.

Der wichtigste Schritt zur Rekultivierung ist die richtige Lockerung der Verdichtungszonen im Boden, um Platz zu schaffen für eine dichte Durchwurzelung. Dazu wird mit der *Spatendiagnose* festgestellt, wo die Verdichtungshorizonte verlaufen, damit die Tiefe des Lockerungsgerätes richtig eingestellt werden kann. Es hätte keinen Sinn, das Lockerungsschar etwa in 35 cm Tiefe zu führen, wenn schon in 20 cm Tiefe eine Verdichtungsschicht das Wurzelwachstum behindert. Der oberste Sperrhorizont sollte etwa 2 bis 3 cm unterfahren werden, bei sehr dichten Böden ist es besser, zunächst nur etwa 15 cm tief zu gehen. Der richtige Bodenzustand ist in jedem Fall mit der Fingerdruckprobe festzustellen – es darf nur im trockenen Boden gearbeitet werden!

Da der Boden bei der Lockerung nicht in seiner natürlichen Schichtung verändert werden soll, muß ein Gerät verwendet werden, das den Boden nicht wendet. Tiefes Pflügen kommt daher nicht in Frage. Eine gute Bodenlockerung ist so entscheidend, daß sich die Ausgabe für ein neues Gerät immer lohnt – wenn jedoch kein Geld vorhanden ist, sollte man sich mit einem *Wühlpflug* behelfen. Dazu eignet sich jeder alte Pflug mit möglichst schmalen Körpern, den viele Bauern noch auf dem Hof stehen haben. Die Streichbleche, die den Boden wenden würden, werden abgeschraubt. Eine eventuell zu breite Pflugbrust (das Teil, auf dem das Streichblech aufgeschraubt war) kann schmal geschnitten werden, die Tiefenführung des Geräts erfolgt über das Stützrad. Wenn der Wühlpflug so weit seitlich angehängt werden kann, daß der Schlepper nicht in der Furche fahren muß, kann die Wiederverdichtung der Lockerung ganz vermieden werden.

Der *Zweischichtenpflug* oder der *Schichtengrubber* haben

Abb. 9: Das ideale Lockerungsschar: Pflugschar ohne Streichblech (Wühlpflug)

den Vorteil, daß die tiefe Lockerung und die flache Bearbeitung in einem Arbeitsgang erledigt werden können. Auch diese Geräte lockern den Boden tief, ohne ihn zu wenden und mischen Ernterückstände flach in die Oberfläche ein. Die Arbeitsgeschwindigkeit regelt die Lockerungswirkung – je höher die Geschwindigkeit, desto besser krümelt der Boden, allerdings muß er trocken sein!

Nach der Bodenbearbeitung wird sofort ein Grünpflanzengemisch eingesät, um die Lockerung lebendig zu verbauen. Da die Saatgutmischungen aus unterschiedlichen Samengrößen bestehen, muß die flache Bodenbearbeitung für ein sauberes Saatbett sorgen, damit alle Pflanzen gleichmäßig aufgehen können. Die Saat sollte mit einem leichten Schlepper und einer

Drillmaschine mit genauer Tiefenablage (1,5 bis 2 cm) vorgenommen werden, damit die Bedingungen für einen raschen Aufgang der Pflanzen möglichst gut sind.

Die Gemische der Pflanzenarten für die Rekultivierung müssen nach den beiden Hauptaufgaben ausgesucht werden: Vielartigkeit und gutes Bewurzelungsvermögen. Es sollte zu erschwinglichen Preisen erhältlich oder – noch besser – im Betrieb selbst zu erzeugen sein. Auf keinen Fall dürfen Pflanzen im Gemenge sein, die auch als Hauptfrüchte angebaut werden, um Gegenwirkungen gegen Monokulturen und Krankheitsübertragungen zu vermeiden.

Die Wirkung der Rekultivierung ist am besten, wenn die *Meliorationsgemenge* über den Winter stehen bleiben, deshalb müssen auch winterharte Pflanzen enthalten sein, die auch bei niedrigen Bodentemperaturen noch Wurzeln bilden. Die Grundzusammensetzung für ein solches Meliorationsgemenge kann z. B. so aussehen (Saatgutmenge in kg/ha):

Platterbse	20 kg
Zottelwicke	10 kg
Alexandrinerklee	4 kg
Erdklee	4 kg
Inkarnatklee	6 kg
Buchweizen	15 kg
Phacelia	1 kg
Sonnenblume	1 kg

Der Aufwuchs dieses Gemenges ergibt in normalen Jahren auch einen ausreichenden Futterertrag, aber es ist in Futterbaubetrieben durchaus möglich, auch ausgesprochene Futterpflanzen wie Ackerbohne und Futtererbse zuzumischen. Förderlich ist auch eine Beimischung von Gewürzkräutern. Selbstverständlich können diese Gemische noch vielfältig erweitert und verändert werden – hier muß jeder für seinen Standort und die jeweiligen Bedürfnisse die besten Pflanzen herausfinden, aber Platterbsen, Zottelwicken und Inkarnatklee sollten immer dabei sein.

Abb. 10: Blühendes Meliorationsgemenge

Die wachsende Gründüngung, das Meliorationsgemenge, sollte kontrolliert und je nach Wuchs und Zustand auch reguliert werden. Für die Umstellungsgemische ist die beste Nutzung die Futternutzung, wobei der Zeitpunkt des Futterschnittes nach der angestrebten Wachstumsdauer zu bestimmen ist. Wenn das Meliorationsgemisch, was möglichst vermieden werden soll, doch noch vor dem Winter abgeräumt werden soll, dann wird man den Futterschnitt so spät wie möglich, aber noch vor Frosteintritt vornehmen.

Soll das Gemenge im Frühjahr weiterwachsen, was vorzuziehen ist, dann darf es nicht zu frisch geschnitten in den Winter gehen. Die Frühjahrsernte richtet sich nach verschiedenen Überlegungen. Wenn eine Hackfrucht danach angebaut werden soll und der Winter sehr trocken war, so wird der Futterschnitt bald im März vorgenommen werden müssen, bevor eine allzu große Wassermenge durch den Grünbewuchs verbraucht worden ist. Während des Winters verbraucht zwar die grünbestandene Fläche weniger Wasser als ein offener Acker, aber wenn im Frühjahr das Massenwachstum einsetzt, steigt der Wasserverbrauch rasch an. War der Winter dagegen feucht, dann kann der Futterschnitt erst drei Wochen vor Neubestellung mit Hackfrucht erfolgen. Dann bleibt noch genug Zeit, die Stoppeln durch flaches Durcharbeiten so zur Anrottung zu bringen, daß ein Saatbett für die Folgefrucht hergerichtet werden kann.

In Betrieben ohne Viehwirtschaft wird das Problem der Beseitigung des Grünguts sehr viel schwieriger. Eigentlich wäre es am besten, das gemähte Grüngut vom Acker zu fahren und zu kompostieren. Direkte Einbringung von Grünmasse in den Boden ist unnatürlich und deshalb nur möglich, wenn das Grüngut gut belüftet und angerottet lediglich in die alleroberste Bodenschicht eingemischt wird. Wenn man das Grüngut noch im Herbst einarbeiten muß, so muß der Schnitt mehrfach erfolgen, wobei jedesmal etwas tiefer geschnitten und die Grünmasse dadurch langsam eingekürzt wird. Die zum Schluß angetrocknete, schon ziemlich verminderte Masse kann mit dem Boden vermischt werden. Eine andere Möglichkeit besteht im Herunterschleppen des Bestandes z. B. mit umgedrehten Eggen etwa Ende September, Abmähen Mitte Oktober und dann Einarbeitung ganz flach Anfang November. Auch so kann man bei nicht zu feuchter Witterung die Fäulnis vermeiden und eine leidliche Verrottung in Gang setzen.

Als nachfolgende Hauptfrüchte nach der Rekultivierung mit einem Meliorationsgemenge eignen sich die Pflanzen am besten, die dem Meliorationsgemisch eine möglichst lange Wachstumszeit ermöglichen.

Deshalb sind *Hackfrüchte* gut geeignet, da sie erst bei guter Bodenerwärmung relativ spät im Folgejahr bestellt werden. So eignen sich vor allem Kartoffeln sehr gut als Folgefrucht, ihre

Kultur in gut durchlüfteten Erddämmen fördert zusätzlich den weiteren Aufbau des Bodenlebens. Auch der Mais ist wegen seiner späten Aussaat grundsätzlich eine gute Folgefrucht, er sollte aber immer mit einer *Untersaat* von niedrigen Kleearten versehen werden, um nicht die Bodenfruchtbarkeit wieder zu verschlechtern. Rüben sind zwar ebenfalls als Nachfrüchte geeignet, sie verkürzen aber die Wachstumszeit des Grüngemenges durch ihre frühe Bestellzeit bereits deutlich. Dasselbe gilt für Sommergetreide. Wintergetreide sollte als Folgefrucht für die Rekultivierung vermieden werden, weil es durch seine Aussaat bereits im Herbst viel zu wenig Zeit für die Wurzelentwicklung des Meliorationsgemenges läßt.

Wenn man im Folgejahr Futterpflanzen auf der rekultivierten Fläche ernten will, kann man gleich bei der Aussaat des Rekultivierungsgemenges eine Futterpflanzenmischung zum Saatgut geben, deren ausdauernde Pflanzen dann das Gemenge von selbst im Folgejahr in ein Futtergemenge »umbauen«.

Die geschilderten Schritte der Rekultivierung (tiefe Bodenlockerung und Meliorationsgemenge) haben die Umstellung des Bodens eingeleitet und durch dichte Wurzelbildung den Aufbau eines leistungsfähigen Bodenlebens angeregt. Diese Entwicklung sollte laufend mit Hilfe der Spatendiagnose kontrolliert werden, damit etwaige Fehler und notwendige Maßnahmen zu ihrer Behebung rechtzeitig erkannt werden.

Im weiteren Ablauf ist nun darauf zu achten, die verbesserte Bodenfruchtbarkeit aufrechtzuerhalten und langfristig auszubauen. Diesem Ziel müssen alle Maßnahmen dienen, die der Landwirt auf seinem Boden ausführt.

Was bauen wir an? – Die Fruchtfolge

Warum Fruchtfolge?

Die Stabilität von Ökosystemen gründet sich vor allem auf einer möglichst großen Vielfalt von Lebewesen. Deshalb muß auch das landwirtschaftliche System auf dem Acker aus einer großen Vielzahl von Pflanzenarten bestehen. Eigentlich sollten daher zum gleichen Zeitpunkt immer viele verschiedene Pflanzenarten auf dem Feld stehen, um mit ihren unterschiedlichen Wurzelsystemen den Boden ganz zu erschließen und damit einem artenreichen Bodenleben ausreichend Nahrung zu geben. Beim Anbau von Futterpflanzen für Vieh ist das sehr leicht möglich – hier können die unterschiedlichsten Pflanzenarten, z. B. Gräser, Leguminosen, Kräuter, miteinander in verschiedenen Futtergemengen kombiniert werden. Diese artenreichen Grünfutterbestände sind nicht nur hervorragende Bodenverbesserer (auch die Meliorationsgemenge sind daraus entwickelt), sondern dienen in ihrer ausgeglichenen Zusammensetzung auch der Gesundheit der Tiere.

Andere landwirtschaftliche Nutzpflanzen können aber nicht gemeinsam angebaut werden, weil z. B. ihre Reifezeiten zu unterschiedlich sind und sie somit nicht gemeinsam geerntet werden könnten. Manchmal ist es jedoch möglich, zumindest zwei verschiedene Arten gemeinsam anzubauen, wie z. B. ein Hafer/Gerste- oder ein Hafer/Erbsen-Gemenge. Die Arten, die nur alleine angebaut werden können, können oft zumindest mit einer Ein- oder Untersaat von Grünpflanzen kombiniert werden, die dann nicht mitgeerntet werden, sondern lediglich den Boden bedecken und zusätzliche Wurzeln bilden sollen. In diesem Zusammenhang sind auch die Un- oder Wildkräuter zu sehen – sofern sie nicht die Nutzpflanzen unterdrücken, sind sie willkommene Zusatzpflanzen auf dem Acker, die die Artenvielfalt erhöhen!

Trotz all dieser Möglichkeiten wird in den meisten Fällen auf jedem Acker in einer Vegetationsperiode eine Nutzpflanzenart vorherrschen und hauptsächlich mit ihrem speziellen Wurzelwachstum die Bodendurchwurzelung bestimmen. Da dies für das Ökosystem unnatürlich ist, werden Gegenregelungen eingeleitet – die Natur wird versuchen, diese *Monokultur* zu beseitigen. Allerdings dauert es eine gewisse Zeit, bis die Gegenregelung beginnt. Wenn auf dem Acker nun jedes Jahr die gleiche Nutzpflanzenart angebaut würde, nähme der Ertrag der Pflanzen im Lauf der Jahre ab *(Bodenmüdigkeit)*, abhängig von der Pflanzenart kann dies schon im zweiten Jahr der Fall sein. Bei manchen Pflanzen kann es etwas länger dauern *(»Selbstverträglichkeit«)*, aber die Natur würde sich auf jeden Fall gegen diese Monokultur wehren – die Pflanzen würden krank.

Um dies zu umgehen, baut der Landwirt auf jedem Acker jedes Jahr eine andere Pflanzenart an, um die Gegenregelung gegen die vorherige Pflanzenart nicht wirksam werden zu lassen. Die gleiche Pflanzenart soll erst nach mehreren Jahren wieder auf dem Acker stehen, so daß eine jährliche Folge von Anbaufrüchten entsteht – eben die *Fruchtfolge*. Je mehr verschiedene Pflanzen nun auf einem Bauernhof angebaut werden, um so länger kann die Fruchtfolge werden, um so länger werden die Pausen, bis wieder die gleiche Pflanzenart auf dem Acker steht. Das gesamte System wird immer vielartiger und damit stabiler, denn die sogenannten Fruchtfolgekrankheiten, die nichts anderes als die Gegenregelungen der Natur gegen Monokulturen sind, treten nicht auf.

Die Vielartigkeit einer Fruchtfolge wirkt sich nicht nur auf den Wurzelbereich, sondern auch auf die oberirdische Lebensgemeinschaft mit den dazugehörigen tierischen Biotopen aus. Außerdem bringen verschiedene Bestellungs- und Erntezeiten unterschiedlicher Pflanzenarten Arbeitsausgleich und erleichtern die ganzjährig gleichbleibende Beschäftigung der Betriebsangehörigen. Nicht zuletzt ist eine reich gegliederte Fruchtfolge auch eine gute Risikoabsicherung gegen extreme Witterungsbedingungen, die in den einzelnen Jahreszeiten auftreten können. Eine ähnliche Risikoabsicherung ergibt sich auch für Markteinbrüche, die im Regelfall nicht alle landwirtschaftlichen Produkte, sondern immer nur einige wenige betreffen.

Leider sind die Fruchtfolgen in den letzten Jahrzehnten immer einseitiger geworden, da die Betriebe sich auf immer weniger Kulturpflanzen spezialisierten. Besonders in den viehlosen Ackerbaubetrieben, in denen zusätzlich die vielartigen Futterpflanzen fehlen, haben kurze Getreidefruchtfolgen zu großen Krankheitsproblemen (bei Pflanzen und Boden) geführt.

Zwischenfruchtbau als Fruchtfolgeglied

Um den ökologischen Ansprüchen an Vielartigkeit und Wurzelmenge zu genügen, ist das Fruchtfolgeglied »Zwischenfruchtbau« unentbehrlich. Es bildet deswegen ein Anfangsglied jeder Fruchtfolge und muß um so öfter wiederkehren, je schlechter der biologische Ausgangszustand des Bodens war. Wahrscheinlich muß auch wegen der Schadstoffe aus der Luft alle 4 bis 6 Jahre eine *Rekultivierung*, also Zwischenfruchtbau nach tiefer Bodenlockerung, eingeschaltet werden, weil nur durch ein sehr reiches Bodenleben die Schadstoffe organisch gebunden werden können.

Der Zwischenfruchtbau mit artenreichen Grünpflanzengemengen erhöht auf viehhaltenden Betrieben die Futtermenge, während er auf viehlosen Betrieben das Fehlen der großen Zahl von Futterpflanzen im System etwas ausgleichen kann. Hier werden die Zwischenfruchtgemenge dann zur Gründüngung verwendet. Grundsätzlich erhöht der Zwischenfruchtbau die Gesamtleistung des Bodens, weil somit auch in den Zeiten zwischen zwei Hauptfrüchten der Boden bedeckt ist und Sonnenenergie aus den grünen Blättern mit Hilfe der Wurzeln im Boden gespeichert werden kann.

Wie entsteht eine Fruchtfolge?

Um eine gute Fruchtfolge aufstellen zu können, ist eine genaue Kenntnis der Pflanzeneigenschaften notwendig. Man muß die am jeweiligen Standort üblichen Bestell- und Erntezeiten der Pflanzen kennen, um eine richtige Abfolge der Pflanzen zu gewährleisten, ohne daß es zu Engpässen bei der Bestellung oder bei der Ernte kommt und ohne daß die Bodenpflege vernachlässigt wird.

Die Fruchtfolge ist das wichtigste Bestimmungsmerkmal für die Arbeitsabläufe in der Außenwirtschaft. Deshalb muß die Arbeitswirtschaft immer zusammen mit der Fruchtfolge geplant werden. Den Rahmen dafür gibt zunächst die Marktsituation des Betriebes. Es hat keinen Sinn, etwas anzubauen, was später nicht verwertet oder verkauft werden kann. Obwohl die Auswahl der landwirtschaftlichen Nutzpflanzen relativ klein geworden ist, ist es möglich, daß sich hier in Zukunft doch wieder einiges verändert. Zum Beispiel könnte man sich auch wieder auf einheimische Hülsenfrüchte besinnen, oder die viehlosen Betriebe könnten sich um sinnvolle Industriepflanzen bemühen. So wäre zum Beispiel die Förderung des Flachsanbaues sehr vorteilhaft, nachdem Baumwolle immer knapper wird, aber die Nachfrage nach Naturfasern steigt. Auch fett- und eiweißliefernde Pflanzen könnten interessant sein.

In jedem Fall sollte die Pflanzenauswahl allermindestens vier, besser fünf und mehr Arten umfassen. Die Fruchtfolge läßt sich am besten aus der Umstellung heraus entwickeln. In der Regel beginnt die Umstellung nach Wintergerste, da diese Frucht den Acker am frühesten für die Rekultivierung freimacht. Da das Rekultivierungsgemenge möglichst über Winter stehen bleiben soll, wird danach meist eine Hackfrucht folgen. Nach der Hackfrucht, die zwar den Boden im Idealfall gut durchlüftet hinterlassen sollte, aber meist nur als Reinkultur ohne andere Pflanzen angebaut werden konnte, sollte deshalb ein Gemenge folgen oder z. B. eine Getreideart mit einem Untersaatgemisch. Getreide wird in den meisten Fruchtfolgen den

Hauptanteil im *Anbauverhältnis* (Flächenverhältnis der angebauten Kulturen pro Jahr) ausmachen. Es sollte jedoch nicht viel mehr als 50 bis 60 Prozent Anteil haben und möglichst immer mit Untersaat oder im Gemenge angebaut werden, wobei selbstverständlich niemals die gleiche Getreideart zweimal hintereinander stehen darf.

Nachfolgend ein Beispiel einer Fruchtfolge, wie sie beispielsweise auf einem Milchviehbetrieb aussehen könnte:

1. Jahr: Wintergerste, danach tiefe Bodenlockerung und Ansaat des Rekultivierungsgemenges als Zwischenfruchtfutter, das über den Winter stehen bleibt
2. Jahr: Kartoffeln und/oder Futterrüben, evtl. Zwischenfrucht nach Kartoffeln
3. Jahr: Hafer-Gersten-Erbsen-Gemenge, danach Zwischenfrucht, evtl. als Umbaugemenge zum
4. Jahr: Kleegras, bleibt stehen
5. Jahr: Kleegras
6. Jahr: Winterweizen mit Untersaat

Ein vieloser oder ein schweinehaltender Betrieb könnte folgende Fruchtfolge haben:

1. Jahr: Wintergerste, danach Rekultivierungsgemenge
2. Jahr: Kartoffeln oder Zuckerrüben
3. Jahr: Winterroggen mit Kleeuntersaat, danach Zwischenfrucht
4. Jahr: Ackerbohnen oder Erbsen
5. Jahr: Winterweizen mit Untersaat, evtl. Zwischenfrucht
6. Jahr: Hafer-Erbsen-Gemenge

Soweit nur zwei Beispiele – selbstverständlich kann man diese Fruchtfolgen für den jeweiligen Standort, die Betriebserfordernisse und Vorlieben des Betriebsleiters beliebig verändern, solange die besprochenen Gesetze der Vielfalt beachtet werden.

Wie bauen wir an? – Technik, Methoden, Maschinen

Bodenbearbeitung

Aus der Beschreibung stabiler Ökosysteme haben wir gelernt, daß der von Pflanzen besiedelte Boden nicht lediglich ein Gebilde aus Mineralien in verschiedenen Verwitterungsstufen ist, sondern eine Gemeinschaft von zahllosen Lebewesen, die jahrein, jahraus entstehen, wachsen und vergehen und dabei die Mineralsubstanzen in ihre Umsetzung einbeziehen. Die Lebewesen brauchen Platz für ihre Körper und ihre wenn auch geringen Bewegungen. Sie benötigen Hohlräume für Luft und Feuchte und eine Durchlässigkeit bis zur Atmosphäre, um Sauerstoff und Kohlendioxid austauschen zu können. Sie leben von, mit und für die Pflanzenwurzeln, die ebenso Platz brauchen, aber nach dem Absterben viele Kanäle offenlassen.

Der lebende Boden gleicht einem feinporigen, durchlässigen Schwamm, dessen innere Oberfläche in einem Kubikmeter Boden sich nach Quadratkilometern bemißt. Ein biologisch voll funktionsfähiger Boden sollte in der gesamten gut durchwurzelbaren Tiefe – also bis mindestens 35 bis 50 cm – locker sein, aus Krümeln und Krümelpaketen bestehen, die weitmaschig miteinander verknüpft und stabil, das heißt gegen Wasserauflösung weitgehend geschützt sind. Die Abstandshalter der Krümel sind elastisch, so daß der Boden, der kurzfristig zusammengerückt wurde, sich selbst wieder ausdehnt. Während der Vegetationszeit sind alle Hohlräume durchwurzelt und mit Bodenlebewesen besetzt.

Doch selbst ein so vorbildlich belebter, also *garer* Boden wird sich im Lauf der Nutzungsjahre zusammensetzen, das heißt also dichter werden. Deshalb muß er von Zeit zu Zeit gelockert werden.

Verdichtete Böden stehen unter hoher Spannung, entstanden aus Quellung und Schrumpfung der Tonteilchen in der Erde. In trockenen Jahren gibt es in Tonböden noch zusätzliche Verdichtungen durch Totalaustrocknung, die an groben Rissen in weiten Abständen erkennbar sind. Die durch Risse abgegrenzten Bodenteile brechen oft nur insgesamt als riesige Klötze auf. Zur Wiederbelebung muß der Boden zuerst mechanisch zerbröckelt werden, um Hohlräume für Luft, Wasser, Bodenleben und Pflanzenwurzeln zu schaffen.

Dazu muß sich der Boden bei der Bearbeitung genügend ausdehnen können. Das Lockerungswerkzeug muß die Bodenspannungen lösen, damit der verdichtete Boden sein Volumen vergrößern kann und bei der Ausdehnung in möglichst kleine Bröckchen zerfällt. Volumenvergrößerung kann nur nach oben oder bei Schrägstellung des Schares auch nach der Seite erfolgen. Die Werkzeuge müssen den Boden möglichst schonend schneiden, ihn gleitend anheben und über eine Scharkante nach hinten abbrechen lassen. Dann brechen die in jedem Boden vorhandenen Rißlinien auf. Der Boden soll nicht unnötig zerschnitten, zerschlagen oder gepreßt werden. Ein zu tief geführtes, gebogenes Schar preßt den Boden zusammen, statt ihn aufzulockern – damit würde das Ziel der Volumenvergrößerung nicht erreicht und der Zugkraftbedarf unnötig erhöht.

Das schneidende Schar soll scharfkantig sein und weder auf der Oberfläche verschmieren (wenn zu naß gearbeitet wird) noch durch Druck auf die Scharkante den Boden darunter zerdrücken. Der Scharstiel sollte gebogen sein, damit er hinter dem Lockerungsschar durch den bereits gelockerten Boden läuft und keinen zusätzlichen Widerstand bietet.

Geeignete Schare zur tieferen Bodenlockerung sind Pflugschare, die vom Streichblech getrennt sind (Wühlpflug) oder Flügelschare an Grubbern. Bei der tieferen Bodenbearbeitung genügt es meistens, etwa zwei Drittel der Gesamtfläche anzuheben, was z. B. bei 25 cm breiten Scharen gewährleistet ist, wenn zwischen den Scharenenden ein Abstand von 12 cm besteht. Die unbearbeiteten Streifen verbessern das Bröckeln in den angehobenen Streifen und werden dabei selbst so angerissen, daß Bodenleben und Pflanzenwurzeln eindringen können.

Die flache Bodenbearbeitung zur Lockerung der Oberkrume

(bis 8 cm) macht weniger Schwierigkeiten. Zur flachen Einmischung organischer Reste muß die Oberkrume gelegentlich gewendet werden, dafür eignen sich schmale, steilstehende Schälpflugkörper oder Scheibeneggen mit Scheiben von 50 bis 60 cm Durchmesser, bei leichtem Boden auch schmale Grubberzinken. Nach ausreichender Gare-Entwicklung genügen einfache Ackereggen zur flachen Lockerung.

Alle schnellaufenden, schlagenden, schneidenden oder fräsenden Werkzeuge töten sehr viel Leben im Boden ab und schaden der Bodengare. Bei den heutigen hochverdichteten und fast leblosen Böden ist die Verwendung von Fräsen leider nötig, um überhaupt eine Art von Saatbett herzustellen. Ihr Einsatz sollte aber möglichst auf die Vorbereitung der Rekultivierungsansaat beschränkt bleiben. Durch die Rekultivierung sollte die Gare-Entwicklung der Oberkrume dann so weit gefördert werden, daß der Einsatz der Fräse überflüssig wird.

Mehrfaches Befahren der gleichen Fläche bringt durch Schlepper und Geräte neue Verdichtungen. Deshalb sind Geräte vorzuziehen, die gleichzeitig die tiefe und die flache Bodenlockerung durchführen. Beispiele dafür sind der Zweischichtenpflug, dessen Schälkörper flach wenden und mit den Tieflockerern den Unterboden anheben, sowie der Schichtengrubber, der zusätzlich mit der Sämaschine kombiniert werden kann.

Bestellung, Pflege

Eine exakte Bestellung sichert das rasche und gleichmäßige Keimen der Ansaaten, so daß der Boden möglichst schnell durchwurzelt werden kann. Dazu ist eine Sämaschine nötig, die genau auf die jeweils notwendige Saattiefe einzustellen ist und auch die verschieden großen Samen von Pflanzengemengen gleichmäßig in den Boden bringt.

Zur Unkrautregulierung sind als wichtigste Geräte Netzegge, Striegel/Hackstriegel und Hackgeräte zu nennen – auf die Methoden wird genauer auf Seite 98ff. eingegangen werden.

Das Abernten, vor allem aber das oft mehrfache Einkürzen der Gründüngung muß lebenschonend, z. B. mit dem Fingerbalken- oder dem Doppelmesserbalken-Mähwerk erfolgen, nicht mit dem Kreiselmähwerk. Dieses und vor allem auch die Mulchgeräte dezimieren sehr viele Lebewesen des Biotops, das sich in der Gründüngung aufgebaut hat. Biotopschonend ist auch das Herunterschleppen zu hoch gewachsener Gründüngung, im freien Bestand mit einer Ackerschleppe oder mit auf den Rücken gelegten Eggenfeldern, in Reihen durch schmale, schwere Eisenstücke, die etwa am Hackrahmen angebracht werden.

Bodendruck

Im natürlichen, unberührten Ökosystem hat eine gare Oberkrume eine hohe Elastizität wie eine Feder, was man beim Darüberlaufen selbst spüren kann. Die natürliche hochelastische Deckschicht schützt den Boden vorbildlich – aber der Landwirt muß diese Deckschicht beseitigen. Deshalb muß er bemüht sein, eine gare Oberfläche zu schaffen, die wenigstens eine gewisse Elastizität besitzt. Alle Arbeiten auf dem Acker verursachen Druckschäden, aus diesen Gründen sollte der Boden möglichst selten befahren werden.

Bleibt der Druck so gering, daß er von der elastischen Schicht aufgenommen werden kann, wird er nicht weiter nach unten geleitet. Die Lockerung der Verdichtung in einer garen Schicht ist mit einem Spurlockerer möglich, der am Gerät angebracht werden sollte.

Alle Landmaschinen übertragen Antriebskräfte über luftbereifte Räder. Durch ihre Fähigkeit zur Abplattung kann der spezifische Druck unter dem für belebte, trockene Böden ermittelten Grenzwert von 0,8 bar (kg/cm^2) gehalten werden. Wird die Gareschicht durch den spezifschen Druck bis zum starren Gerüst des Unterbodens zusammengedrückt, wirkt das volle Maschinengewicht bis in diese Tiefe und schafft Verdichtungen, die kaum mehr zu beheben sind. In der Praxis heißt das, daß gerade bei Abnahme des Bodenlebens ein hohes Maschinengewicht verheerende Schäden verursacht. Aus Beobachtungen, die langjährig auf noch einigermaßen belebten Böden angestellt wurden, ergab sich, daß eine Achslast von 3500 kg, also Radlast bis knapp 2000 kg bei angepaßter Bereifung gerade noch zulässig ist.

Einige Besonderheiten der Druckverteilung sind zu beachten: Räder mit großem Durchmesser haben eine lange Auflagefläche, bei kleinem Durchmesser ist die Fläche entsprechend kürzer. Die verdichtete Fläche ist dadurch größer, auch wenn der Druck nicht so lange anhält. Das hohe Rad entspricht mehr dem Verhalten mehrerer Räder hintereinander, wobei das zweite Rad und weitere Räder in der vorgedrückten Spur fast ohne weitere Verdichtung rollen. Insgesamt bringt das höhere Rad also weniger Bodenschädigung und verursacht dadurch auch geringeren Kraftbedarf für die Fortbewegung des Schleppers (kleinerer Rollwiderstand). Überhaupt kann man den Kraftbedarf für die Fortbewegung etwa gleich »Bodenschädigung« setzen.

Die Druckverteilung bestimmt die Verdichtung: Unter Reifen, die weniger als 22 cm breit sind, bildet sich ein spitzkegelförmig sich nach unten verjüngender Verdichtungsbereich, während unter breiten Reifen sich ein pilzförmig nach unten verbreiternder Bereich bildet. Das hängt mit der Seitenbeweglichkeit und der Reibungsarbeit der Bodenteilchen zusammen. Die breiten Verdichtungszonen unter Breitreifen sind vom Bodenleben nur sehr schwer wieder aufzuarbeiten, während die schmalen Verdichtungskegel unter schmaleren Reifen relativ schnell wieder gelockert werden können.

Für die Verdichtung der obersten Schicht würden bei feuchtem Wetter schon Druckstärken unter 0,2 bar genügen, so daß die überbreiten Weichreifen besonders große Schäden in wachsenden Beständen anrichten.

Aus dem bisher Gesagten lassen sich Einsatzregeln für die Maschinen ableiten:

1. Luftdruck von Triebreifen auf dem Acker höchstens 0,8 bar, bei empfindlichen Böden 0,6 bar, Laufräder in vorhandenen Spuren maximal 2 bar. Wenn regelmäßig zwischendurch größere Straßenabschnitte rasch befahren werden sollen, lohnt sich ein kleiner Kompressor am Schlepper, um rasch den höheren Druck für Straßenfahrt herzustellen.
2. Mit Ausnahme von Stützrädern für die Tiefenführung von Geräten sollten alle Anhängemaschinen und Transportanhänger die gleiche Spur wie der Schlepper haben.
3. Jede Spur auf unbewachsenem Land sollte sofort so aufgerissen werden, daß Niederschläge eindringen können, der Boden belüftet bleibt und auf keinen Fall durch stehendes Wasser Verklebungen und Verkrustungen entstehen. Der dadurch bedingte Luftabschluß kann das bereits durch den Druck geschädigte Bodenleben bis weit in die Krume hinein zum Absterben bringen.
4. Pflüge sollten so angehängt werden, daß der Schlepper nicht mehr in der Furche fahren muß, um die Wiederverdichtung der Furche zu vermeiden.
5. Wirklich nur bei trockenem Boden fahren! Gerade in der Umstellungszeit ist es besonders wichtig, die Zeiten auszunutzen, in denen der Bodenzustand günstig ist.
6. Auf elastischen Böden lieber schnell mit geringer Arbeitsbreite fahren als langsam mit großer. Das Mehr an Spuren ist nicht so schädlich wie total verdichtete Spuren.
7. Schwerzügige Geräte nicht verwenden. Zugkraftbedarf kann Bodenzerstörung sein.
8. Für Fahrten auf bestelltem Land sollten die kleinen leichten Schlepper von 25 bis 40 PS Stärke benutzt werden. Sie sind mit schmalen, hohen Reifen auszurüsten. Bei Mehrfachfahrten sind immer die gleichen Spuren zu benutzen.

9. Alle Regeln gelten auch für selbstfahrende Erntemaschinen.
10. Ganz allgemein muß man sich an die Regel halten, daß Boden- und Lebensschonung wichtiger sind als Arbeits- oder Zeitersparnis.

Wie ein Schlepper sein sollte

Ein Schlepper, der bodenschonend und wirkungsvoll eingesetzt werden kann, sollte *Vierradantrieb* haben. Dazu sollten alle Räder gleich groß sein, denn der Antrieb kleiner, nur der Steuerung dienender Vorderräder nützt fast nichts. Bei gleichgroßen Rädern wird die Motorleistung effektiver übertragen, so daß Motor und Getriebe kleiner werden können. Ein 40-PS-Schlepper mit Allradantrieb leistet auf dem Acker soviel wie ein 65-PS-Schlepper mit Hinterradantrieb. Wird das Schleppergewicht richtig verteilt, d. h. im Stand 60 Prozent auf der Vorderachse, 40 Prozent auf der Hinterachse, kann der Schlepper leichter werden. Eine teure Kabine kann man sich sparen, für die Beobachtung auf dem Feld und am Anbaugerät genügt ein stabiles Allwetterverdeck.

Wenn die Böden wieder lebendig sind, müßte auf den meisten Standorten eine Schlepperleistung von höchstens etwa 60 PS für alle Arbeiten genügen.

Wir füttern den Boden – Düngung, Gründüngung

Düngung, also die Zufuhr von Stoffen in den Boden von außen, gibt es im natürlichen System nicht. Alle für das Leben benötigten Stoffe befinden sich im Kreislauf, nur die Sonnenenergie wird hinzugenommen und in die Stoffe eingebaut. Die meisten Grundstoffe verbleiben, wenn auch immer wieder in anderen Verbindungen, im inneren Kreislauf von Pflanzen und Tieren oberhalb und in der Erde, ein kleiner Teil im Kreislauf zwischen Erde und Luft. Über abfließendes Wasser werden nur sehr geringe Mengen von Stoffen abgeführt, wie z. B. Kochsalz, die meist überreichlich vorhanden sind. Wie gering diese Mengen sind, kann man daraus entnehmen, daß sich der Salzgehalt von Seen oder Binnenmeeren über Jahrtausende kaum geändert hat.

Die Zusammenballung der Menschen in Städten verursacht einen schwerwiegenden Stoffverlust der Kreisläufe. Noch bis Mitte dieses Jahrhunderts hat man sich bemüht, Müll aus Flachdeponien zur Bodenverbesserung einzusetzen und den Klärschlamm auf Feldern zu verregnen. Man hatte leider versäumt, rechtzeitig den Verursacher dazu zu erziehen, die Abfälle nach Kreisläufen getrennt zu sammeln und abzugeben. Ökologische Unwissenheit und technische Einfallslosigkeit ließen die Müllverbrennung entstehen, durch die alle für die Wiederverwendung benötigten Stoffe zerstört werden, unkontrollierbare Schadstoffe in die Luft gelangen und eine große Menge giftiger Schlacke anfällt.

Für den Landwirt bedeutet dies eine wesentliche Bodenverarmung. Organische Verluste kann er durch Gründüngung gerade noch ausgleichen, mineralische muß er, soweit die Mineralien nicht überreich im Boden vorhanden sind, durch Zuführung ausgleichen. Dieser Ausgleich war schon von der sogenannten Mineralstofftheorie gefordert worden, und bis heute bildet die »Düngung nach Entzug« die unterste Grenze aller Düngerempfehlungen. Der Mineralentzug wird in der Regel durch **Veraschung** der den Betriebskreislauf verlassenden Produkte festgestellt, die gefundene Menge wird gleichgesetzt mit dem arteigenen Gehalt und Bedarf.

Diese Annahme ist aber nur gerechtfertigt, wenn es sich um Pflanzen aus einem ungestörten Ökosystem handelte. Die Pflanzen, die seit hundert Jahren verascht werden, sind alle unnormal ernährt worden, und gerade die Ergebnisse aus den letzten Jahren spiegeln nur die Depotmengen an sogenannten Kernnährstoffen wider, mit denen die Pflanze nichts anfangen kann und die sie dann überwiegend in den Blättern deponiert.

Der aus den Veraschungszahlen abgeleitete Zufuhrbedarf ist daher fragwürdig und in der Regel falsch.

Glaubt man, aus Analysen oder bestimmten Wuchsveränderungen auf Mangel an einem Nährstoff schließen zu können, setzt man dies mit einem Mangel im Boden gleich und empfiehlt das Nächstliegende, die Zufuhr dieses Nährstoffs. Es bleibt außer acht, ob es nicht vielmehr am Aufnahme- oder Verarbeitungsvermögen der Pflanze liegt. Wenn dann noch die Düngerempfehlungen nach den Bodenanalysen aufgerundet werden, obwohl die Menge an »pflanzenverfügbaren« Nährstoffen weit mehr Ausdruck des Pufferungsvermögens des Bodens ist als Zeichen des Pflanzenbedarfs, so wird klar, daß diese Düngerlehre nicht geeignet ist, die natürlichen Bodenfunktionen in Ordnung zu halten.

Mineralische Düngung

Der Grundfehler, der aus der Mineralstofftheorie entstand, ist die direkte Fütterung der Pflanzen mit leichtlöslichen Mineraldüngern. Dieser Ernährungsmechanismus ist für die Pflanzen jedoch eine Notlösung bei Mangelzuständen und daher unnatürlich. Das Herauslösen von Mineralen aus dem Gestein und das Bereitstellen dieser Minerale für die Pflanzen in organischer Einbindung ist Aufgabe des Bodenlebens und darf diesem nicht weggenommen werden, weil sonst wichtige Bestandteile der Lebensgemeinschaft fehlen würden. Deshalb müssen die Minerale so zugeführt werden, daß das Bodenleben nicht gestört wird. Ein Mineralersatz ist deshalb zur Aktivierung des Bodenlebens in Form von Gesteinsmehlen möglich. Die Zerkleinerung des Gesteins zu Splitterchen ist ein vorwiegend physikalischer Vorgang, er kann und soll vom Menschen zur Unterstützung des Bodenlebens vorgenommen werden. Von den Gesteinsmehlen haben sich solche aus Urgestein oder Vulkangestein besonders bewährt.

Reicht ihr Mineralgehalt zum Ausgleich von echten Verlusten nicht aus, können spezielle Gesteinsmehle mit höherem Gehalt an einem bestimmten Mineral gegeben werden, z. B. Kalksteinmehle, Rohphosphate (cadmiumfrei!). Wenn in der Natur nur leichtlösliche Formen vorkommen wie bei Kalium, ist eine sehr vorsichtige Dosierung und gute Verteilung eventuell in mehreren kleinen Mengen bei jeder Bodenbearbeitung zweckmäßig, um Schockwirkung auszuschließen. Da die antagonistische Wirkung von Kalium und Magnesium noch immer nicht voll aufgeklärt ist, sollte grundsätzlich Kalimagnesia gegeben werden, auf keinen Fall hochprozentige Chlorverbindungen. Nachdem jahrelang die meisten Böden mit Mineralien überdüngt worden sind, sollte man bei der Umstellung auf ökologische Bodenbewirtschaftung sich so lange mit Gesteinsmehlen begnügen, bis echte Mangelerscheinungen auftreten. Diese können im Zweifelsfalle, wenn nämlich die Erscheinungen am Pflanzenbild nicht eindeutig ausgelegt werden können, nur durch eine Analyse des Bodens auf seinen Gesamtmineralgehalt geklärt werden.

Die Steinmehldüngung kann jederzeit erfolgen, da keine Gefahr von Pflanzenschädigung und Auswaschung besteht. Die jährlich auszubringenden Mengen bewegen sich zwischen 500 und 1000 kg pro Hektar. Falls das Steinmehl nicht schon mit dem Stallmist aufs Feld gebracht wird, kann es am einfachsten mit einem Kastendüngerstreuer verteilt werden.

Organische Düngung

Auf der Weide zeigt uns die Natur am deutlichsten, wie die tierischen Exkremente von ihr nutzbringend in den Bodenkreislauf aufgenommen werden. Der mäßig feuchte Kuhfladen wird von Mistkäfern durchlöchert und so aufgearbeitet, daß weder eine Fehlstelle im Pflanzenbestand entsteht, noch beim nächsten Weidedurchgang nach drei bis vier Wochen Kotreste das Tier vom Abfressen des Aufwuchses abhalten. Der Harn gelangt fein verteilt auf die Pflanzen, wo sich seine bakterizide

Wirkung nach kurzer Zeit verliert und der geringe Stoffgehalt dünn verteilt rasch im Boden umgeformt wird. Auch solche Stellen werden nach wenigen Tagen, vor allem nach Regen, wieder von den Tieren abgeweidet. Aus diesen Beobachtungen kann man die richtigen Verfahren des Ausbringens und der Lagerung der Wirtschaftsdünger ableiten.

Bei der *Flächenkompostierung* wird der Mist sofort nach seinem Anfall oder nach einer kurzen Zwischenlagerung dünn auf dem Feld ausgebracht. Dies ahmt die Abbauverhältnisse von organischem Material in der Natur direkt nach. Auf der Bodenoberfläche steht genügend Sauerstoff zur Verfügung, so daß der Mist mit Hilfe des Bodenlebens umgebaut wird und durch das Bodenleben oder durch mechanische Einarbeitung in die obere Krume gelangt.

Dieses Verfahren beansprucht wenig Arbeitszeit und eignet sich hervorragend für Flächen, die im Winter nur einen geringen Pflanzenbewuchs tragen (z. B. Wintergetreide), oder zur Übermistung von wachsenden oder gerade abgeernteten Grünpflanzenbeständen.

Je nach Pflanzenbestand und Witterung können bei der Flächenkompostierung Verluste auftreten. Um sie zu vermeiden, kann der Stallmist flach eingearbeitet und mit dem Boden gut vermischt werden. Dies fördert auch die lebendige Stabilisierung der oberen Krümelschicht. Voraussetzung für eine saubere, gleichmäßige Einmischung in die oberste Bodenschicht ist die Verteilung des halbtrockenen, leicht zerkleinerbaren Mistmaterials in einem feinen Schleier auf den Boden. Um dies mit möglichst wenig Spuren auf dem Acker zu erreichen, sollte das Streuwerk gut zerkleinern und der Miststreuer mit einer Breitstreueinrichtung versehen sein. Die Vermischung mit dem Boden kann dann mit fast allen flach arbeitenden Geräten wie etwa der Scheibenegge oder dem Grubber erfolgen.

Da nicht immer der anfallende Mist sofort auf die Felder gebracht werden kann, müssen größere Mistmengen gelagert und vorbehandelt werden, bevor sie auf den Acker kommen. *Festmist* setzt sich zusammen aus Einstreu (meist Stroh), Kot und

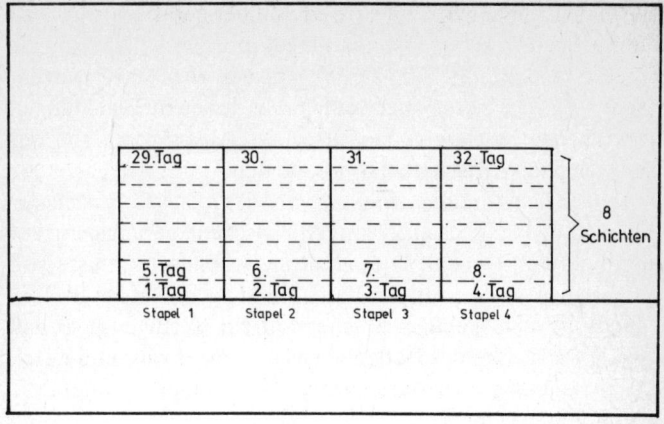

Abb. 11: Schema zum Stapeln der Stallmistschichten zur Heißvergärung

Harn, der von der Einstreu mehr oder weniger aufgefangen wird.

Zur Vorbehandlung während der Mistlagerung ist die *Heißvergärung* unter Sauerstoffzufuhr das natürlichste Verfahren. Sie kommt zustande, wenn wenigstens 4 kg Stroh pro Kuh und Tag eingestreut werden und der Frischmist locker aufgesetzt wird. Nach 12 bis 20 Tagen Lagerung ist ein Zustand erreicht, in dem der Mist nahezu verlustlos über Monate lagern kann, wenn sich der Stapel so weit zusammengesetzt hat, daß keine Frischluft mehr eintreten kann.

Die praktische Durchführung sieht so aus: Man setzt im Sommer 3–4, im Winter bis zu 6 kleine Stapel nebeneinander, wobei der Mist jeden Tag auf einen weiteren Stapel gesetzt wird. Die Temperatur steigt im Innern schnell bis annähernd 50°, dabei werden Krankheitskeime und viele Unkrautsamen abgetötet. Bei jedem vierten Durchgang werden die Haufen festgetreten und erreichen ihre Dauerform. Insgesamt kann man etwa 8 Tagesschichten aufeinandersetzen, so daß alle vier bis sieben Wochen ein Gesamtstapel fertig wird.

Eine Einstreumenge von weniger als 4 kg Stroh pro Kuh und Tag ergibt keine brauchbare Verrottung, weil der Sauerstoff- und Kohlenstoffgehalt im Miststapel zu gering ist. Man muß deshalb lockere Haufen aufschütten, die sehr viel Platz einnehmen, und deshalb etwa jeden Monat eine Feldmiete anlegen, die ebenfalls locker geschüttet und in niederschlagsreichen Gebieten mit Erde abgedeckt werden muß.

Aus Strohmistställen wird der Harn in *Jauche*gruben gesammelt, wohin auch der Sickersaft aus den Miststapeln geleitet werden sollte. Er enthält sehr viele Bakterien, aber auch viel kohlenstoffhaltiges Material, so daß die Jauche gut vergärt. Eine gut vergorene Jauche, gegebenenfalls mit Wasser verdünnt, erlaubt eine wirkungsvolle Düngung wachsender Bestände, kann aber auch eingearbeitet werden.

Die Aufstallung der Tiere im Laufstall erlaubt die Mistlagerung und Vorverrottung als *Tiefstallmist*. Hier wird durch tägliches Nachstreuen von Stroh ohne jeweiliges Ausmisten eine strohreiche Mistmatratze im Stall selbst erzeugt. Da der Harn voll gebunden werden muß, müssen wenigstens 8, besser 10 kg Stroh pro Tier und Tag eingebracht werden. Der Mist wird dann in Abständen von einigen Monaten aus dem Stall gebracht. Da der Rotteverlauf bei richtiger Strohdosierung etwa der Heißvergärung entspricht, sollte der Mist dann entweder sofort auf den Acker gebracht, oder in fest gepackten und abgedeckten Feldmieten gelagert werden, da eine weitere Verrottung nicht mehr erwünscht wird.

Da bei allen Säugetieren Kot und Harn getrennt abgesetzt werden, gibt es in der Natur keine Einrichtungen, um ein flüssiges Gemisch aus beidem, *Flüssigmist* (Gülle), systemgerecht aufzuarbeiten. Durch das Fehlen von Stroh und den dadurch viel zu geringen Kohlenstoff- und Sauerstoffgehalt werden bakterielle Umsetzungen gehemmt. Man hat deswegen viele Verfahren der Belüftung entwickelt, aber alle müssen in ihrer Wirkung beschränkt bleiben auf einige Oxidationsvorgänge und die durch Kohlenstoffmangel begrenzten bakteriellen Umsetzungen. Gut belüfteter und verdünnter Flüssigmist kann höchstens in Mengen von $10\,m^3$/ha auf eine bewachsene oder mit Stoppeln besetzte Oberfläche gegeben werden. Alle darüber hinausgehenden Mengen schädigen das Bodenleben, so daß eine Abpuffung im Bodensystem für längere Zeit unmöglich ist. Die Schäden am Bodenleben können so groß sein, daß frei werdendes Nitrat nicht abgepuffert wird und ins Trinkwasser gelangt. Alles in allem ist Flüssigmist ein Dünger, der dem Aufbau des Bodens eher schadet als nützt.

Gründüngung

Neben den schon besprochenen Aufgaben eines Grünpflanzenbestandes wie Bodenbedeckung, Vergrößerung der Artenvielfalt, Futtererzeugung und Krankheitsschutz müssen diese Gemische zur Leistungssteigerung des Bodens als *Gründüngung* in jedem Betrieb beitragen. Die Gründüngung ist Grundlage der Bodenfruchtbarkeit und muß wichtigster Bestandteil einer nachhaltigen Landbewirtschaftung werden. Im natürlichen System beruht die Pflanzenernährung auf dem Zusammenspiel zwischen Wurzel und Bodenleben. Die Wurzelspitze wird von einem Schleim umhüllt, der, von Wurzel und Boden gemeinsam aufgebaut, die Kontaktstelle zwischen beiden darstellt. Er umhüllt auch die Teile der Wurzel, durch die die Nährstoffe aufgenommen werden. Der Mensch wird niemals in der Lage sein, die Nährstoffbedürfnisse jeder Pflanze zu jeder Zeit im Tages- und Jahresrhythmus zu kennen, nur die Pflanze selbst kann dies. Durch Abstoßen von Wurzelteilchen kann sie das Bodenleben veranlassen, die für sie nötigen Stoffe bereitzustellen. Deshalb erzeugen alle Pflanzen mehr Wurzeln, als sie für ihren eigenen Aufbau brauchen. Gute Gründüngungspflanzen sind die Arten, von denen mehr als das Doppelte des Eigenverbrauchs produziert und an die Umgebung abgegeben wird, schwierige Pflanzen sind diejenigen, die mehr Wurzeln für sich selbst brauchen, als sie dem Bodenleben abgeben können. Das sind vor allem unsere Getreidepflanzen.

Abb. 12: Wurzeln bringen Energie in den Boden

Die vom Landwirt gewünschte hohe Leistung seiner Nutzpflanzen kann nur erreicht werden, wenn ein sehr umfangreiches Bodenleben auf einer großen Oberfläche von Nutzpflanzenwurzeln tätig sein kann. Pflanzenwurzeln müssen also überall im Boden nur durch kleinste Abstände voneinander getrennt vorhanden sein bis zu der Tiefe, die je nach Klimalage mit reichem Bodenleben ausgestattet sein kann. Das sind in Mitteleuropa etwa 40 bis 50 cm Bodentiefe. Je schlechter das Wurzelwachstum der Nutzpflanzen ist, desto wichtiger ist die dichte Bewurzelung mit feinen und tiefgehenden Wurzeln der Gründüngungsgemenge. Jede Stelle, an der Bodenleben möglich ist, soll erreicht werden (mit Stallmist können nur die obersten Bodenschichten erreicht werden!). Je einseitiger die

Bewurzelung der Nutzpflanzen über längere Zeit gewesen ist, um so schneller sollten die nachfolgenden Grüngemische wachsen können, damit möglichst rasch überall ein evtl. in Ruhezuständen befindliches Bodenleben wieder aktiviert werden kann.

Jede Beeinflussung des oberirdischen Wachstums muß also über die Wurzel erfolgen, so auch die Steigerung der Erträge der Nutzpflanzen, die nur über das Bodenleben und seine umfangreiche Ernährung einschließlich der mitgelieferten Energie möglich ist. Die Energie für alles Leben kommt von der Sonne. Das Leben im Boden kann die Sonnenenergie nicht direkt aufnehmen, also müssen die grünen Pflanzen Sonnenenergie in energiereiche Stoffe umwandeln und diese mit ihren Stoffen in den Boden schicken. Diese Energie durchläuft im Boden viele Stationen, am Ende wird sie als Wärme im Boden gespeichert. Je mehr Wurzeln, um so mehr Bodenleben und um so mehr Wärme enthält der Boden. Die Energiemenge, die übertragen wird, ist von der Blattmenge der Pflanzen abhängig. Gerade weil viele Kulturpflanzen nur geringe Blattmengen haben, müssen die Gründüngungspflanzen auch nach ihrer Blattmasse ausgewählt werden, damit sie viel Sonnenenergie aufnehmen können.

Die Anbautechnik der Gründüngungsgemenge ist bereits bei der Bodenrekultivierung (s. S. 70 ff.) besprochen worden.

Futterbau, Grünland, Unkraut

Die größtmögliche Vielfalt im landwirtschaftlichen System kann nur auf einem Bauernhof entstehen, der auch Tiere hält, wenn möglich verschiedene Arten. Auf viehlosen Betrieben ist eine wirkliche Stabilität des Ökosystems nur sehr schwer zu erreichen, weil eine große Anzahl von Pflanzen nicht angebaut werden kann, die sehr wichtig für die Lebensgemeinschaft, vor allem im Boden, wären. Gerade die Viehhaltung ermöglicht es, neben den direkt für die menschliche Ernährung geeigneten

Pflanzen zusätzlich Futterpflanzen anzubauen, die erst durch die Veredelung über das Tier verwertet werden können. Damit wird die Palette der Pflanzen in der Fruchtfolge wesentlich größer, und gleichzeitig ist es oft möglich, Gemische von Grünpflanzen als Futter einzusetzen, die die Fruchtbarkeit des Bodens durch ihre Vielartigkeit besonders fördern. Auch zur Rekultivierung des Bodens in der Umstellungszeit sind diese Futtergemenge gut geeignet.

Der Beitrag des Futterbaus für die Erhaltung der Bodenfurchtbarkeit ist vielfältig:

1. Die große Vielfalt von Futterpflanzen steigert die Leistungsfähigkeit des Bodens durch Bereitstellung unterschiedlichster Wurzeln für das Bodenleben.
2. Sehr viele Futterpflanzen sind Leguminosen, die durch Stickstoffbindung aus der Luft das System mit Stickstoff versorgen können.
3. Die Eigenschaft vieler Futterpflanzen, daß sie mehrmals genutzt werden können (Gräser, Kräuter, Leguminosen), fördert die Wurzelbildung nach jeder Ernte, ohne daß der Boden für eine Neuansaat umgebrochen werden müßte.
4. Durch das meist rasche und dichte Wachstum der Futterpflanzen wird der Boden wirksam bedeckt und die Bildung einer stabilen Oberkrume gefördert.
5. Vielfältiges Futter ist Voraussetzung für die Gesundheit der Tiere, die wiederum qualitativ hochwertigen organischen Dünger als Stallmist für den Boden zurückliefern.

Grundfutter kann im Betrieb mit verschiedenen Methoden erzeugt werden:

- Im Ackerfutterbau als Hauptfrucht, einjährig oder mehrjährig oder als
Zwischenfrucht zwischen anderen Hauptfrüchten
- im Grünland oder Dauergrünland

Auf einem Futterbaubetrieb werden meist alle Methoden angewandt, wobei grundsätzlich festzustellen ist, daß es auf dem Acker leichter ist, leistungsfähige Futterpflanzenbestände zu erzeugen als auf Grünland (Wiesen und Weiden). Häufig wird aber geltend gemacht, daß die natürliche Beschaffenheit der Grünflächen ihre Umwandlung in Ackerland verbiete, daß es sich also um Dauergrünland oder absolutes Grünland handle. Dauergrünland wären die landwirtschaftlichen Nutzflächen, die auch eine vorübergehende Ackernutzung zur Wiederherstellung der Bodenbelebtheit nicht erlauben: Steile Hänge, flachgründige Böden (weniger als 10 cm Erdauflage auf dem Gestein) mit freien Steinköpfen, staunasse Böden mit hohem Tongehalt, häufig überschwemmte Flächen. Werden diese Flächen buschfrei gehalten und gemäht bzw. beweidet, sind sie ökologisch wenig wertvoll. Der geringen oberirdischen Leistung entspricht eine flache (3–5 cm) und einseitige Bewurzelung (Gras) und ein dementsprechend geringes Bodenleben auf weitgehend verdichteten, toten Bodenschichten, bei Staunässe mit Schadgasen aus Fäulnis. Eine Erhaltung oder geringfügige Verbesserung ihrer ökologischen und landwirtschaftlichen Leistung ist durch eine sehr aufwendige Pflege der **Narbe** mit Kompost und Stallmist möglich, aber wohl selten lohnend. Ökologisch wertvoller wäre es, Hänge nur schwach zu beweiden und teilweise Verbuschung zuzulassen. Staunasse und Überschwemmungsflächen, meist in Talsohlen, wären besser als Teiche zu nutzen, an deren Rändern sich Feuchtbiotope aufbauen können.

Viel »absolutes« Grünland ist so entstanden, daß früher ackerbaulich genutzte Flächen durch falsche Bearbeitung so ruiniert werden, daß man sie grün liegen ließ und als Dauergrünland bezeichnete. Dies gilt vor allem für Böden mit gestörter Wasserführung, die von Natur aus oder durch falsche Bearbeitung und Nutzung in Krume und Untergrund so verdichtet sind, daß ein Absickern des Niederschlagswassers kaum noch erfolgt. Ein solcher Bodenzustand ist aber durchaus nicht unabänderlich, was man aus der Tatsache ersehen kann, daß diese

Böden früher als Acker genutzt werden konnten. Ein falsches Anbausystem, nämlich vorwiegender Getreidebau, zusammen mit der Vernachlässigung der Grundsätze einer biologisch richtigen Bodenbewirtschaftung, hat bewirkt, daß eine Ackernutzung immer schwieriger wurde. Natürlich läßt dann der Ertrag solcher Dauergrünlandflächen sehr zu wünschen übrig.

Bodenverdichtungen vermindern immer die Erträge, oft bis zur Grenze einer wirtschaftlichen Nutzung, und müssen deshalb beseitigt werden. Auch bei biologisch richtiger Narbenpflege kommt es selbst unter Grünland zu Bodenverdichtungen und Abnahme des Bodenlebens, beschleunigt durch die *Verfilzung* der Narbe. Da die meisten Grünlandpflanzen aus niederschlagsreichen Gebieten stammen, breiten sich ihre Wurzeln fast nur in den obersten 10 cm der Krume aus und bilden den für Grünland typischen Wurzelfilz, der das Versickern des Niederschlagswassers in den Untergrund behindert. Größere Niederschlagsmengen fließen oberflächlich ab und sind so für spätere Trockenperioden unwiderruflich verloren.

Da für die Wirtschaftlichkeit eines Betriebes neben der Flächengröße vor allem die Tiefe des durchwurzelten Bodenraumes entscheidend ist, müssen solche Flächen unbedingt verbessert werden. Da bisher alle Versuche, die Wurzeltiefe eines langjährigen Pflanzenbestandes durch nachträgliche Bodenlockerung im stehenden Bestand zu vergrößern, fehlgeschlagen sind, kommt zur schnellen Verbesserung nur der *Umbruch* in Frage, dem dann eine Bodenlockerung mit Neuansaat folgt.

Durch die Motorisierung ist der Umbruch von Dauergrünland alle 7–12 Jahre möglich geworden, sobald die Bodenbelebtheit absinkt. Mit der gezielten Bodengesundung und deren Stabilisierung durch 2–3jährige Ackernutzung ist die beste Voraussetzung für eine Neuansaat von Grünland gegeben, wobei eine möglichst gute Bodenbedeckung durch Zwischenfrüchte und Untersaaten (System »Immergrün«) während der Ackernutzung Schäden durch Erosion verhindert.

Futterpflanzen – auch der Boden wird gefüttert

Für den *Hauptfruchtfutterbau* lassen sich sehr vielfältige Klee-Gras-Gemische zusammenstellen, denen immer auch ein Anteil an Kräutern beigemischt werden sollte. Bei der Gemengezusammenstellung muß stets neu experimentiert werden, um die am jeweiligen Standort leistungsfähigsten Mischungen herauszufinden. Die Pflanzen müssen sich im Gemenge harmonisch entwickeln und alle arteigenen Inhaltsstoffe ausbilden können. Nur so wird auf der einen Seite das Futter vielseitig und auf der anderen Seite der Boden optimal mit Wurzeln versorgt.

Die Palette der Futterpflanzen wird erweitert durch Grüngetreide, Kreuzblütler, großkörnige Leguminosen wie Ackerbohnen, Erbsen, Wicken sowie weitere Pflanzenarten, z. B. Buchweizen, Sonnenblumen, Phacelia usw. Außerdem kann die Fruchtfolge wirksam durch die *Futterhackfrüchte* aufgegliedert werden, so z. B. durch Futterrüben, Kohlrüben, Futtermöhren, Futterkartoffeln und auch den Silomais, letzterer jedoch nur mit einem ökologischen Anbausystem.

Im *Zwischenfruchtfutterbau* lassen sich die bereits auf S. 59 besprochenen Grüngemenge einsetzen, die als Rekultivierungsgemenge nach einer tiefen Lockerung die Bodenbelebung aktivieren. Der Zwischenfruchtfutterbau kommt auch dadurch der Bodengesundheit zugute, daß durch den Anbau von Pflanzen zwischen den Hauptfrüchten der Boden bedeckt und die Oberkrume geschützt bleibt. Gleichzeitig wird der Boden für die folgende Hauptfrucht durch die intensive Durchwurzelung der Zwischenfrucht hervorragend vorbereitet. Am größten ist die Wirkung der Zwischenfrucht, wenn sie über Winter stehen bleibt und erst im Frühjahr die nächste Hauptfrucht gesät wird.

Untersaat – hohe Kunst des Futterbaus

Futterpflanzen können entweder als Neuansaat auf einen vorbereiteten Acker bestellt oder als Untersaat in einen bereits wachsenden Pflanzenbestand eingesät werden. Die Untersaat hat den Vorteil, daß sich die später eingesäten Grünpflanzen im Schutz der bereits wachsenden Deckfrucht gut entwickeln können und nach Ernte der Deckfrucht ihren vollen Bestand ausbilden können, ohne daß der Boden wieder für eine Ansaat mechanisch bearbeitet und aufgerissen werden muß. Dieses System ahmt die Natur nach, wo auch immer wieder Pflanzen von unten her im Schutz der höheren Pflanzen nachwachsen und nach dem Absterben der älteren Pflanzen ihrerseits den Deckpflanzenbestand bilden. Die Untersaat in eine Deckfrucht stellt jedoch an den Betriebsleiter die höchsten Ansprüche. Dieser muß nämlich den Saatzeitpunkt je nach Gegend, dem Witterungsverlauf und dem Entwicklungsstadium der Deckfrucht von Jahr zu Jahr anders festlegen.

Die Saat sollte immer mit einer guten Sämaschine erfolgen, um einen optimalen Aufgang der Pflanzen zu erreichen. Die Saat unter Wintergetreide sollte möglichst bald im Frühjahr nach einem Eggenstrich erfolgen, im Sommergetreide nach dem erstmöglichen Striegelzeitpunkt, etwa beim Dreiblatt-Stadium des Getreides.

Falls die Untersaat aus kleinwachsenden Arten zusammengesetzt ist (Erdklee, Fadenklee, Hornschotenklee, Gelbklee, Wundklee, Weißklee usw.), kann sie in trockenen Jahren zur Erhöhung der Aufgangssicherheit auch zu einem früheren Zeitpunkt gesät werden, eventuell schon vor dem Spitzen des Getreides, nachdem das erste auflaufende Unkraut mit dem Striegel vernichtet wurde.

Grünland braucht Pflege

Der optimale Zeitpunkt zum Abernten einer Wiese ist je nach Pflanzenbestand verschieden, außerdem sind die Ruhezeiten von einem Schnitt zum nächsten länger oder kürzer. Man sollte diese Zeiten jedes Jahr ein wenig verschieben, um die Vielartigkeit zu erhalten und die Ausbreitung angeflogener Wildpflanzen zu fördern.

In Luzernemischungen hat man den größten Ertrag bei 2 bis 3 Schnitten im Jahr, Weißkleemischungen hingegen können 5 bis 6 Schnitte vertragen. Dazwischen gibt es alle Übergänge. Es ist wichtig zu wissen, daß mit der Schnitthäufigkeit und mit der Wahl des Schnittzeitpunktes ein Pflanzenbestand ganz wesentlich verändert werden kann. Bei einer Weißkleemischung wird durch große Schnitthäufigkeit der Weißklee gefördert und das Gras unterdrückt. Bei Luzerne und Rotkleegrasmischungen ist es genau umgekehrt. Diese Pflanzen vertragen häufigen Schnitt nicht, so daß das beigemischte Gras sich auf ihre Kosten ausbreiten kann. Rotklee und Luzerne müssen, um nach dem Schnitt wieder gut austreiben und sich im Bestand behaupten zu können, einmal im Jahr so lange stehen gelassen werden, bis sie blühen. Über den optimalen Schnittzeitpunkt gibt es die unterschiedlichsten Empfehlungen. Für die Gesunderhaltung der Futterflächen sowie des Viehs ist weder der ganz späte noch der ganz frühe Schnitt richtig. Der günstigste Zeitpunkt für den ersten Schnitt dürfte zwischen dem Rispenschieben und Blühbeginn der wichtigsten Gräser liegen.

Zur Förderung der Ausgeglichenheit eines Futterbestandes dient auch die Abwechslung von Weide- und Mähnutzung, weil damit z. B. die einseitige Ausbreitung von reinen Wiesen- oder Weidepflanzen verhindert wird.

Die Düngung der Futterflächen ist im Prinzip nicht anders zu handhaben wie die der Ackerflächen. Dabei gilt auch hier, daß die Leistung der Futterflächen über mehrere Jahre nur erhalten werden kann, wenn der Boden durch Tritte oder Maschinenspuren nicht verdichtet wird. Das Bodenleben in den Grünlandflächen bei hoher Leistung zu erhalten erfordert größte Sorgfalt.

Ein paar Bemerkungen zum Unkraut

Grundsätzlich müssen wir Unkrautpflanzen als die Pflanzen ansehen, die die Natur zur Erweiterung der Artenvielfalt braucht, damit das Ökosystem stabil bleibt. Denn auch ein von uns noch so sorgfältig ausgewähltes Artengemisch ergibt noch keine Pflanzengesellschaft im ökologischen Sinn. Es wird zwar erfahrungsgemäß von der Natur angenommen und erfüllt den Zweck, dem Bodenleben einen neuen Start zu geben, aber es ist nur ein Angebot des Menschen auf Grund unseres derzeitigen Wissens. Deshalb bedürfen alle Gemische der Ergänzung durch Wildpflanzen aus dem örtlich angepaßten System.

Je weniger artenreich also unser landwirtschaftliches Anbausystem ist, je weniger Gemenge wir bauen und je kürzer unsere Fruchtfolgen sind, desto mehr müssen wir mit einem »Unkrautdruck« rechnen, mit dem die Natur diese Einseitigkeit auszugleichen sucht. Je vielseitiger aber unser System aufgebaut ist, desto weniger Schaden werden wir durch Unkräuter befürchten müssen.

Zu gewissen Zeiten ist es aber notwendig, den Wildpflanzenaufwuchs zu kontrollieren, damit unsere Kulturpflanzen nicht unterdrückt werden. Dies ist vor allem kurz nach der Saat unserer Kulturen wichtig, wenn sie langsam keimen und den Boden noch wenig bedecken.

In diesen Zeiten können die Unkräuter durch mechanische Störungen entweder als sehr kleine Pflänzchen vernichtet oder zumindest in ihrem Wachstum unterbrochen werden. Dies geschieht im Getreide meist im Frühjahr entweder mit der Netzegge, mit dem Striegel oder der Hacke, die jedoch meist nur bei den sogenannten Hackfrüchten eingesetzt wird.

Die wirksamste Unkrautunterdrückung aber wird grundsätzlich durch eine hohe Artenvielfalt im Fruchtfolgesystem erreicht. Vielseitige Wurzelzusammensetzung ermöglicht ein vielseitiges und leistungsfähiges Bodenleben. Ein fruchtbarer und lebendiger Boden verhindert von sich aus das Auftreten einer einseitigen Unkrautflora, die zum echten Problem werden kann, wie die gefährlichen Schadkräuter (Ampfer, Quecke, Klettenlabkraut, Ackerfuchsschwanz) auf falsch behandelten Böden zeigen.

Im Wald

Mit dem Waldsterben ist allen Menschen erst bewußt geworden, daß es uns möglich ist, die Umwelt völlig zu zerstören. Um so erstaunlicher ist es, daß dieses nun doch wirklich sichtbare Bild der Zerstörung und des Sterbens ganzer Arten nicht zu einem schnellen Handeln der direkt Betroffenen führt. Die Forstwissenschaft versteckt sich vorläufig noch hinter dem nichtssagenden Ausdruck »Schadkomplex«, dessen Einzelheiten noch nicht aufgeklärt seien, woraus gefolgert wird, daß man noch nichts tun kann. In den letzten Jahren nimmt zwar das Verständnis einiger weniger Forstwissenschaftler zu, daß es sich um eine Schadenswirkung aus dem Boden heraus handelt, in dem sich alle Schädigungen konzentrieren, die vom Menschen gegen die Natur ausgeübt werden. Die Holzfäller und Revierförster stellen fest, daß das Wurzelwerk unserer Bäume in fast allen Fällen völlig abgestorben ist und keine lebenden Wurzeln unter 15 cm Tiefe zu finden sind und daß die obenaufliegenden Feinwurzeln so gering geworden sind, daß man sie vom Boden abheben und einsammeln könnte.

Diese Erfahrungen der Praxis werden von Administration und Wissenschaft nicht zur Kenntnis genommen. Schon mit einem kleinen pH-Meßgerät kann man feststellen, daß auf fast allen Standorten der Säuregrad des Bodens weniger als pH 5, in manchen Fällen sogar weniger als pH 3 beträgt! Dennoch suchen die Spezialisten immer noch an den Bäumen selbst nach der Ursache ihres Sterbens, anstatt in den Boden zu schauen.

Todkranker Boden läßt den Wald sterben

Pflanzen, die keine Wurzeln mehr haben, verdursten, und wenn Pflanzen verhungern und verdursten, können auch die oberirdischen Teile nicht mehr normal ausgebildet sein. Auch die Lebewesen der oberirdisch auf dem Baum befindlichen Lebensgemeinschaft verändern sich. Viele der Lebewesen verhalten sich anders als bisher, weil sie Sterbendes in irgendeiner Form weiterverarbeiten müssen.

Die bereits geschilderte biologische Ursachenkette der Zerstörung der Bodenfruchtbarkeit sei noch einmal in Erinnerung zurückgerufen: Einheitlich aufgebaute Dunkelwälder in Monokulturen führen zu Wurzelarmut, weil die rasch wachsenden Stammhölzer keine anderen Pflanzen mehr unter sich dulden und somit über Wurzelverarmung das Bodenleben schädigen. Deshalb fehlt jeder Grünwuchs im Wald, der Energieeintrag in den Boden geht immer mehr zurück. Die hinzukommende Zerstörung der Deckschicht im Wald, der *Streuschicht*, die früher einmal das Vorbild einer ökosystemgerechten Deckschicht mit Humusaufbau gewesen war, ist im wesentlichen auf Schadstoffe aus der Luft zurückzuführen.

Auf deren doppelte Wirkung, den direkten Angriff auf das Bodenleben und die Verhinderung der Abpufferung von Schadstoffen durch geschädigte Organismen, ist schon hingewiesen worden. So kommt zum unterirdischen Absterben des Bodenlebens auch das in der Oberkrume. Die Folge ist die Einschwemmung von Feinerde in die unteren Schichten und der Beginn der Verdichtung mit zunehmender Bodenverarmung, alles zusammen führt zur Bodenzerstörung, meßbar an der totalen Versauerung und Löslichkeit von Metallen, die normalerweise im Boden abgepuffert schadlos bleiben.

Natürlich bemüht sich die Wissenschaft darum, die Ursachenkette in allen Einzelheiten zu verfolgen, wenn ihr das mit den heutigen Methoden überhaupt möglich ist. Aber all ihre Bemühungen ändern nichts daran, daß der Zustand der Waldböden heute weit schlechter ist als der der landwirtschaftlichen Böden, und daß vor allen Dingen unter den älteren Bäumen der Boden so weit abgestorben ist, daß mit Sicherheit keiner dieser Bäume gerettet werden kann. Gerade der Zustand des Waldbodens zeigt, wohin es führt, wenn die Todesspirale zwischen Minderung des Bodenlebens, Minderung der Wurzeln, Abnahme des Bodenraums einmal eingesetzt hat und sich immer stärker beschleunigt.

Dem Waldbauern selber kann man keinen Vorwurf machen, daß er diese Zusammenhänge nicht erkannte. Er war nie auf die Bedeutung des belebten Bodens für das Baumwachstum aufmerksam gemacht worden. Die Standortlehre hatte ihm nur vermittelt, auf welchen Böden oder Bodenzuständen erfahrungsgemäß die eine oder andere Baumart besser gedeiht. Einfluß auf den Boden und seine Struktur zu nehmen, schien unnötig zu sein, denn noch bis vor 50 Jahren galt der Wald als ein vorbildliches Ökosystem. Man hat sich nie gefragt, woher eigentlich die tiefen Bodenwurzeln, die vom Oberflächenhumus mit Sicherheit nicht profitieren können, ihre Leistung beziehen. Mit unserem ökologischen Verständnis von heute können wir auch erklären, warum alle Versuche fehlgeschlagen sind, dem Baumwuchs mit Mineraldünger zu helfen, zumal die meisten Baumarten sowieso auf zwangsweise über die Wasseraufnahme zugeführte Mineralien negativ reagieren.

Der Landwirt wußte seit Urzeiten vom Problem der Bodenverdichtung und ihrer Nachteile und hat deswegen immer den Boden bearbeitet, wenn auch oft mit unzulänglichen oder in den letzten Jahrzehnten verkehrten Mitteln. Der Waldbauer kam gar nicht auf die Idee, daß auch der Waldboden der Lockerung bedarf, wenn ihm der Mensch bestimmte Kulturen aufzwingt.

Nach all den schädlichen Entwicklungen der letzten Jahrzehnte mußte der Baumtod schneller kommen als das Ver-

Abb. 13: Die Wurzelteller umgestürzter Bäume (rechts) zeigen es: Es gehen kaum noch Wurzeln in die Tiefe

schwinden von Nutzpflanzen in der Landwirtschaft. Der Waldbauer war nicht auf die Idee gekommen, daß sich der Boden so verändert hatte, daß er dem Bodenleben keine Wurzeln mehr zur Verfügung stellen konnte und dadurch auch die weitere Ernährung der Wurzeln gefährdet sein könnte. Welche verheerenden Folgen der schlechte Bodenzustand für das Pflanzenwachstum hat, kann sich jeder im Wald an dem armseligen Wurzelwerk eines umgestürzten Baumes ansehen.

Das sichtbare Verschwinden der Grünpflanzen aus dem Wald, selbst dort, wo es an Licht für den Unterwuchs nicht mehr fehlt oder da, wo schon Kahlflächen durch Bäumesterben entstanden sind, macht das Ausmaß der Katastrophe deutlich. Die Öffentlichkeit nimmt diese Anzeichen jedoch höchstens als Tatsache zur Kenntnis, während die Folgen noch gar nicht bedacht werden.

Wenn nichts geschieht, wird der Wald weiter sterben. Das Tempo mag sich zwar verringern, denn je mehr die Bäume sich auf den Wurzelverlust einstellen, je weniger Nadeln oder Blätter ein Baum hat, um so länger kann er sich gerade noch am Leben erhalten von dem geringen Anteil an Feinwurzeln, die er zu versorgen hat und die ihrerseits noch mit dem Bodenleben im Austausch stehen. Es ist selbstverständlich aber überhaupt kein Grund zur Beruhigung, wenn die nur sehr oberflächliche Erhebung der Schadensstufen aufgrund von Blatt- und Nadelverlust in Jahren mit guter Niederschlagsverteilung (wie 1985 und 1987) weniger Zuwachs an Schädigungen zeigt. Die ist weder ein Erfolg einer Schadstoffminderung oder waldbaulicher Maßnahmen, sondern lediglich ein Hinweis darauf, daß sich die Pflanze durch die Einschränkung des Eigenverbrauchs länger am Leben zu erhalten versucht. An der Ursache des Absterbens ändert sich nichts, und die Bodensituation wird schlechter. Zwei bis drei warme Sommermonate ohne größere Niederschläge würden genügen, um Millionen von Bäumen braun werden und sterben zu lassen.

Wald und Klima

Der Klimawechsel, der durch das Waldsterben begonnen hat und sich auch weiter fortsetzen wird, kann doch niemanden gleichgültig lassen. Den Touristen erscheint zwar ein trockenes, heißes Klima im Urlaub am Mittelmeer angenehm, aber viele sehen auch, daß die waldlosen Gebiete recht traurige Landschaftsbilder bieten. Während im Frühjahr noch ein wenig Grün zu sehen ist, herrschen ab Sommer braune und graue Farben vor, und die Artenvielfalt, die man an wenigen Stellen der Landschaft noch findet, ist weitgehend eingeschränkt. Das Klima weist mehr Extreme auf, was sich in einem spürbaren Wassermangel auf dem Lande, in ausgetrockneten Bachbetten und an Erosionsschäden zeigt.

Die Probleme der Wasserversorgung, die für die Touristenorte mehr oder weniger gelöst wurden, erfährt man bei Gesprächen mit den Einheimischen. Gelegentlich hört man die immer schon falsche Meinung, daß in solchen trockenen Klimazonen eben kein Wald wachsen könne und daß der Wald wegen Klimaveränderungen verschwunden sei. Bis auf wenige Ausnahmen auf der Welt war es aber stets umgekehrt. Insbesondere alle Randgebiete Europas, der Mittelmeerraum, Afrika und Asien waren früher reich bewaldet und hatten ein wesentlich feuchteres Klima. *Das heutige Klima dort ist die Folge der Waldzerstörung und nicht deren Ursache!*

Diese Erkenntnisse könnten doch für die Touristen Anlaß sein, alles zu unternehmen, um dem Abendland nördlich der Alpen – heute immer noch ein Garten Gottes – das traurige Schicksal der anderen Länder zu ersparen.

Gerade die vielen Besucher Griechenlands könnten aus den Resten älterer Bewässerungsanlagen und Felder, die sich auf den griechischen Inseln bis auf große Höhen in die Berge hinaufziehen, lernen, daß es hier früher eine andere Fruchtbarkeit gegeben hat, also ein anderes Klima vorgeherrscht haben muß. Es muß überall Wasser zur Verfügung gestanden haben, denn sonst hätte man in diesen Bergen keine Bewässerungsgräben gezogen. Auch die Reiseführer könnten dem Touristen die vielen Anzeichen der tödlichen Bodenerosion verdeutlichen, denn diese Bodenerosion wird auch in seiner Heimat eintreten, wenn nichts dagegen unternommen wird.

Das Bedrückende an der heutigen Situation ist, daß für die Rettung und Wiederfruchtbarmachung des Waldbodens praktisch nichts geschieht, noch nicht einmal in den Absichtserklärungen der Politiker wird auf ein solches Ziel hingewiesen. Wenn sich daran nichts ändert, ist die ökologische Katastrophe, ausgehend vom Wald, nicht mehr aufzuhalten, selbst wenn Landwirte und Gärtner ihre Böden wieder in Ordnung brächten. Durch die Klimaänderung würde das jetzt schon im Boden so knapp gewordene Wasser Mangelware, und die anderen Böden würden nicht mehr lange leben.

Im Zusammenhang mit der zu erwartenden Erwärmung der Erdoberfläche könnte unser bisheriges Bodensystem nicht mehr fortleben, sondern müßte sich langsam zu einem Trokkensystem mit relativ geringer Leistung umbauen. Es ist erstaunlich, daß die bedrohte wirtschaftliche Situation der Waldbauern keine Beachtung findet. Hier ist ein ganzer Berufsstand, der für ein Viertel der deutschen Bodenfläche zu sorgen hat, nicht mehr in der Lage, irgend etwas für die Zukunft seines Waldes und dessen Boden zu tun.

Es gibt keinen Ertrag mehr, denn wenn die Bäume keinen Zuwachs haben, so fehlt die Ernte, wie sie der Landwirt jedes Jahr nach Hause fährt. Die geringere Holzqualität bringt zudem unter großem Angebotsdruck immer geringere Preise. Wenn die EG nicht regelnd in den Holzmarkt eingreift und hier den Freihandel erst einmal so weit unterbindet, daß ein vernünftiger Preis für den Absatz des eigenen Holzes gesichert ist, so wird der Waldbauer nicht mehr einlösen, als er an Löhnen für die Ernte des sterbenden Holzes ausgeben muß. Wovon soll er also die Kosten für eine Neuanpflanzung bezahlen, und wovon soll er leben?

Lohnt es sich überhaupt, neu anzupflanzen? Alle bisherigen Versuche, durch schwere Schäden vorzeitig frei gewordene Flächen neu anzupflanzen, sind gescheitert. Die Böden sind schon so weit zerstört, daß nicht nur die sonst üblichen Grünpflanzen im Wald nicht mehr wachsen, sondern frisch gepflanzte Waldbäume bestenfalls noch anwachsen, ohne jedoch in den Folgejahren eine richtige Bewurzelung aufbauen zu können. Je mehr wir an jungen, zur Zeit noch ganz gut bewurzelten Waldbäumen zunehmend Wuchsanomalien feststellen, die auf mangelnde Versorgung aus dem Boden hinweisen, um so deutlicher wird es, daß die Waldböden nicht mehr in der Lage sind, Pflanzen zu tragen. Daraus ergibt sich zwingend, daß die Waldböden einer Rekultivierung bedürfen.

Rekultivierung geht alle an

Eine Rekultivierung bedeutet zusätzliche Kosten. Nach den ersten Erfahrungen auf diesem Gebiet ist damit zu rechnen, daß die Kosten für die Rekultivierung des Waldbodens höher liegen als die Kosten einer normalen Neuanpflanzung. Dieses Geld fehlt dem Waldbauern. Soll er also zusehen, wie die Bodenerosion ihm nach dem Abräumen der Hölzer den Waldboden abträgt und er in wenigen Jahren buchstäblich vor dem Nichts steht?

Es muß Sache der Allgemeinheit sein, die wirtschaftliche Situation des Waldbesitzers so abzusichern, daß er mindestens wieder die Kosten für die Neuanpflanzung aufbringen kann. Wir brauchen eine energische und zielbewußte Wirtschaftspolitik, die nicht auf schnelle Gewinne zielt, sondern die die Zukunft der Menschen vordringlich berücksichtigt.

Man sollte außerdem sofort mit Versuchen beginnen, um herauszufinden, mit welchen Methoden der Waldboden am besten zu rekultivieren ist. Denn vorläufig gibt es Erfahrungen mit Rekultivierungen nur aus der Landwirtschaft. Da diese sehr positiv verlaufen sind und bisher alle landwirtschaftlichen Böden, deren Bodenleben bereits schwer geschädigt war, so in Ordnung gebracht werden konnten, daß die Bodenfunktionen wieder vom lebenden System übernommen worden sind, besteht die Hoffnung, daß das im Waldboden auch möglich ist. Aber es bedeutet einen Wettlauf mit der Zeit, weil die Zerstörung des Waldbodens weiter fortgeschritten ist als die der landwirtschaftlichen Böden. Insbesondere erschweren die niedrigen pH-Werte, einhergehend mit dem Freisetzen von Schadstoffen einschließlich der Schwermetalle, die Wiedergesundung.

Ein erster Testversuch bei einem Privatwaldbesitzer zeigte, daß insbesondere das Auftreten von Schadgasen im verdichteten Waldboden die Rekultivierung behindert. Es ist bereits an anderer Stelle darauf hingewiesen worden, daß in allen verdichteten Böden Schadgase aus anaerobem Abbau organischer

Reste entstehen, vor allem das Wurzelgift Methan. Methan und andere Schadgase können die dichten Böden nur sehr langsam verlassen, und solange sie im Boden vorhanden sind, wird das Wurzelwachstum behindert. Durch die vielen abgestorbenen Wurzeln ist im Waldboden sehr viel Ausgangsmaterial für die Gasbildung vorhanden. Im Boden, auch in der Oberkrume, ist so wenig Sauerstoff vorhanden und so wenig aerobes Bodenleben, daß ein biologischer Schadgasabbau kaum möglich ist. Die Gase werden also in die Atmosphäre entlassen. Überall da, wo durch kräftige, tiefe Lockerung für eine gute Ausgasung aus dem Boden gesorgt wird, findet sich wieder Unkrautwuchs ein, und die aufgebrachten Gründüngungspflanzen beginnen zu wachsen.

Vorschlag zur Waldbodenrekultivierung

Aus diesem ersten Versuch und den angestellten Überlegungen ergibt sich folgende Methode, die man heute schon zur Rekultivierung von Waldböden anwenden kann, sobald Flächen durch das Absterben von Bäumen frei werden:

Die erste Maßnahme muß die Beseitigung aller Holzreste sein, die auf dem Boden oder nur flach im Boden liegen. Geraten diese Holzreste in den Boden hinein und werden dort verdichtet eingelagert, kommt es zu einer derartigen Schadgasproduktion, daß an ein Pflanzenleben nicht mehr zu denken ist. Deswegen muß der gesamte Holzabfall von der Oberfläche abgeräumt werden und zu großen Mieten wie überdimensionale Komposthaufen zusammengeschoben werden. Dort kommt es, wenn auch langsam, zu einer echten Verrottung unter Sauerstoffeinwirkung. Anfliegende Wildpflanzen und Buschwerk, die allmählich diese Holzstreifen besiedeln, fördern die weitere Verrottung.

Beim Abräumen kann ruhig die oberste Bodenschicht, also die Streuschicht und ein Teil des Mineralbodens mit erfaßt werden, es darf nur nicht so viel sein, daß der Boden auf den Wäl-

Abb. 14: Die zusammengeschobenen Mieten aus Holzabfällen beginnen zu verrotten und werden von neuem Leben besiedelt

len das Holz zudeckt. Er soll sich vielmehr zwischen den Holzteilen etwas ansammeln, herunterrieseln und durch die leichte Bedeckung der Holzteile zur besseren Verrottung, nicht jedoch zum Abschluß von Sauerstoff führen. Mit dieser Maßnahme wird gleichzeitig die Waldfläche weitgehend eingeebnet.

Der nächste Schritt ist eine entsprechende Tiefenlockerung des verdichteten Bodens zur Belüftung und Entgasung und zur Ansammlung von Wasser. Alle diese drei Aufgaben fallen zusammen. Wie für die Landwirtschaft beschrieben, soll diese Maßnahme damit verbunden werden, daß die geschaffene Bodenstruktur sofort durch Wurzeln lebend verbaut wird, die nach Bodenleben suchen. Nur so können »schlafende« Reste von Bodenleben, die da und dort noch vorhanden sind, wieder erweckt werden. Es wäre nützlich, wenn streifenweise noch gut erhaltene Waldböden vorhanden wären, aus denen eine Einwanderung von Lebewesen stattfinden könnte.

Für die erste Ansaat kommen die gleichen Pflanzen zur Anwendung, die sich in der Landwirtschaft bewährt haben. Spezielle Waldpflanzen für die Rekultivierung sind bis heute noch nicht bekannt, außerdem ist es sinnvoll, mit kurzlebigen Pflanzen zu beginnen, da im ersten Jahr die Bewurzelung durch die Ausgasung noch sehr gestört wird. Der Erfolg der Anpflanzung ist dementsprechend nicht sehr groß. Die Pflanzen keimen, bilden auch etwas Wurzeln, aber durch die vorhandenen Schadgase kommt es zu Zwergwuchs, manchmal auch zu vorzeitigem Absterben. Der Erfolg der Bodentherapie stellt sich nicht gleich im ersten Jahr ein, jedoch würde es ohne Ansaat allein durch den ungestörten Regeneinfall wieder zur Verklebung und Verdichtung des Bodens kommen, so daß die Ausgasung gehemmt und die Sauerstoffzufuhr aufgehoben würde. Das erste Jahr muß als erster Schritt mit relativ wenig sichtbarem Erfolg verstanden werden, ohne den der zweite nicht möglich wäre.

Im Folgejahr wird noch einmal bis zu einer Tiefe von 30 bis 45 cm gelockert, wenn es nicht Steine im Unterboden verhindern, so daß auch die tieferen Schichten ausgasen können und die oberen, weitgehend schadgasfreien Schichten Pflanzenleben tragen können. Die ausgebrachten Meliorationsgemische zeigen jetzt ein fast normales Wachstum, vielleicht nicht alle – je nach Empfindlichkeit der Pflanzen –, aber im großen und ganzen erreicht man eine Bodenbedeckung durch Grünmasse und damit auch die entsprechende Verwertung von Sonnenenergie und Weiterleitung der Energie in den Boden. Man erreicht eine Durchwurzelung, die das Bodenleben an vielen Stellen wieder aktiviert. Es wird schließlich durch das Wurzelwachstum eine Festigung der Bodenstruktur erreicht.

Ein paar Worte zur Technik

Die technische Durchführung dieses Wiederaufbauprogramms der Waldböden ist relativ einfach. Man benötigt dazu Raupenfahrzeuge mit Räumschilden, mit denen man die Bodenoberfläche nach der Seite hin abschieben kann. Wie breit die abgeschobenen Wälle werden können, hängt von der Masse der oberirdischen Holzreste ab. Am hinteren Rahmen der Raupe werden anstelle der nur sehr flach gehenden Reißzinken Lockerungszinken angebracht, die bei diesen Räumfahrten den Boden erstmalig auflockern. Die Lockerungszinken sollten beim ersten Durchgang nicht viel tiefer als 25 bis 30 cm greifen, aber dafür so eng gesetzt sein, daß der Boden nicht zu grobstückig fällt.

Anschließend folgt ein landwirtschaftlicher Schlepper mit einem schweren, einfachen Eggensatz, der in einem leicht aushebbaren Rahmen befestigt ist. Damit muß versucht werden, den Boden so weit einzuebnen, daß anschließend mit der Sämaschine gearbeitet werden kann. Wenn das im ersten Jahr noch Schwierigkeiten macht, so kann auch mit Hand gesät werden. Dann braucht man allerdings 30 Prozent mehr Saatgut. Anschließend wird noch einmal abgeeggt, nach der Handsaat und bei größerer Trockenheit mit einer leichten Walze das Saatgut eingewalzt.

Im zweiten Jahr kann die Raupe ohne Räumschild benützt werden, dafür werden die Lockerungszinken tiefer gestellt. Die Tiefe hängt vom Gelände ab, man sollte aber versuchen, auf 40 cm Lockerungstiefe zu kommen, um die Ausgasung aus diesen Tiefen heraus zu fördern. Nach erneutem Abeggen ist der Boden schon so viel kleinstückiger geworden, daß mit einer guten Sämaschine gearbeitet werden kann, die das vorgesehene Grüngemisch einsät. Für spätere Einsaaten von Waldbäumen genügt ein Freiarbeiten von schmalen Streifen im stehenden Grüngemenge mit dem Kartoffelhäufelgerät oder der sogenannten Reihenfräse.

Je nach Aufwuchs dieser zweiten Ansaat, in die schon mehrjährige Pflanzen eingebracht werden können, kann man das Pflanzengemisch im dritten Jahr stehen lassen und die Entwicklung beobachten. Vielleicht lassen sich Wildpflanzen feststellen, die nicht im Gemisch enthalten waren und Zeigerpflanzen für die erfolgreiche Ausgasung sein könnten. Bis dahin wird es hoffentlich schon Vorschläge für zusätzliche Anpflanzungen von Wildpflanzen geben, die sich in Versuchen für die Rekultivierung bewährt haben. Wir sollten die alten »Waldläufer« nach ihren Beobachtungen über frühere Pflanzengesellschaften befragen und versuchen, diese Erfahrungen durch Saat oder Stecklinge in die Praxis umzusetzen.

Ist der Grünwuchs auch im zweiten Jahr noch sehr gestört, vergilben die Pflanzen vorzeitig oder haben immer noch Kümmerformen, dann sollte man noch ein drittes Jahr lockern und neu ansäen, bis man zu einem mehrjährigen Gemisch übergeht. Der Zeitpunkt für die Pflanzung der ersten Baumarten kann nach den bisherigen Erfahrungen noch nicht genannt werden. Am günstigsten dürfte es sein, ab dem dritten Jahr regelmäßig Saatgut von Waldbäumen einzubringen – möglichst von den verschiedensten Arten –, die in diesen Bodenverhältnissen wachsen könnten. Das Pflanzen von Bäumen empfiehlt sich nicht. Arbeit und Pflanzmaterial wären zu teuer, und es besteht keine Sicherheit, daß diese Anpflanzung bereits zu einem vernünftigen Wuchs führt. Der natürliche Weg über Sämlinge ist besser. Wenn Samen keimen und zu kleinen Pflanzen erwachsen, dann hat die Natur entschieden, daß hier wieder Bäume wachsen können.

Der Grünwuchs selbst sollte nicht bearbeitet, auch nicht abgeerntet werden. Solange die neuangelegten Flächen im Verhältnis zur Gesamtfläche noch sehr klein sind, sollte man sie einzäunen, weil viele dieser Kultivierungspflanzen gerne von Wildtieren als Äsung genommen werden. Dies geschieht auch bei geringem Wildbestand, nachdem der Wald dem Wild allmählich kaum noch Äsung bietet. Je mehr Grünwuchs angelegt wird, um so schneller stellt sich ein vernünftiges Verhältnis zwischen Äsungsflächen und Wildbestand ein und um so weniger brauchen dann noch besondere Schutzmaßnahmen ergriffen zu werden.

Wenn die eingebrachten Baumsamen zu kleinen Pflänzchen herangewachsen sind, zeigt ihr Wurzelzustand, ob sie den Boden annehmen; dies ist besonders bei tiefwurzelnden Pflanzen wie der Eiche sehr schnell festzustellen. Nun könnte man vorsichtig versuchen, den Bestand durch Anpflanzung zu vermehren, aber immer unter dem Gesichtspunkt, daß auf keinen Fall nur Bäume gepflanzt werden dürfen oder nur Bäume erhalten bleiben sollen. Wenn der Bodenzustand für eine längere Zeit saniert werden soll, bedürfen die Waldböden einer zehn- bis fünfzehnjährigen Grünperiode, in der zahlreiche Pflanzen den Boden reich durchwurzeln und ein entsprechend reiches Bodenleben aufbauen. Erst so kann in einem naturwaldähnlichen System dafür gesorgt werden, daß bestimmte Hölzer in Baumgruppen heranwachsen und altern, um das gewünschte Stammholz zu liefern.

Wie der Naturwald in Zukunft aussehen kann oder soll, darüber gibt es nur Spekulationen. Eines ist jedoch sicher: Der Waldbauer darf nicht erwarten, daß auf jedem Quadratmeter seines Bodens nur teuer verwertbares Holz wächst. Er wird sich, wie der Landwirt, daran gewöhnen müssen, daß auf seinem Boden ein vielfältiger Pflanzenwuchs gepflegt sein will, damit die Bodenfruchtbarkeit erhalten bleibt. Es ist seine Aufgabe, diesen Pflanzenwuchs so zu nutzen, daß er zwar seine wirtschaftlichen Ziele erreicht, daß aber die Natur auch einen ständigen Bewuchs vielartiger Pflanzengesellschaften behält, damit die notwendige Vielfalt des Bodenlebens garantiert ist. Nur so kann ein stabiles System entwickelt werden, das bis in die Zukunft leistungsfähig bleibt. Daher wird es nicht nur Baumbestände, sondern auch Busch- und Nachwuchsbestände geben. Um eine pflegliche Nutzung dieser Bestände wird man sich energisch kümmern müssen, damit ihre Produkte, soweit wir sie ohne Schaden für die Erhaltung des Bodenlebens entnehmen dürfen, richtig verwertet werden. Der Mensch früherer Zeiten hat das durchaus vernünftig bewerkstelligt.

Es sei daran erinnert, wie sehr das Stammholz gehegt und wie sparsam es entnommen wurde. Viele andere Bedürfnisse wurden mit Ast- oder Strauchholz befriedigt, etwa der große Bedarf für die Backöfen. Auch in der gewerblichen Wirtschaft nutzte man viele der Pflanzen, die in einer Wald- oder Flußlandschaft vorkommen, z. B. Erlen und Weiden zur Herstellung von Handwerkszeug und Gerät. Die Verwendung von Holz mag der heutigen »Plastikgeneration« als Notlösung erscheinen, in Wirklichkeit war es aber die vernünftige Nutzung einer ökologischen Vielfalt. Um den Wald über die nächsten Jahrtausende zu erhalten, müssen wir die Artenvielfalt wiederherstellen und eine solch sinnvolle Nutzung der Artenvielfalt in der Natur wieder ermöglichen.

Damit sind wir am Ende unserer Betrachtungen über den lebendigen Boden unserer Erde angekommen. Viele mögen ihre Ängste bestätigt gefunden haben, andere mögen auch erschrocken sein darüber, wie sehr unser Leben schon gefährdet ist.

Dies sollte aber kein Grund zur Resignation sein, noch weniger zur Tatenlosigkeit. Der Mensch ist auf diese Erde gekommen, um den Garten Gottes »zu bebauen und zu bewahren«. Diese Aufgabe hat er schon in früheren Zeiten oft vernachlässigt, in diesem Jahrhundert gröblich mißachtet. Sein Raubbau an allen Gütern dieser Erde – den lebendigen und den toten – hat ein früher unvorstellbares Maß angenommen. Um so dringlicher ist die Besinnung auf unsere wirklichen Aufgaben auf der Erde und auf die Verantwortung, die wir für alles Leben tragen. Die Kenntnis der Schäden sollte also erst recht ein Ansporn sein, um so eher und um so tatkräftiger an die Beseitigung der Schäden zu gehen, die wir angerichtet haben, und das natürliche System wieder so weit herzustellen, daß die Natur sich selbst helfen kann und allen Lebewesen Entfaltungs- und Lebensmöglichkeiten bietet. Daß dies vom Boden ausgehen muß, daß aber auch jeder Bodennutzer die Möglichkeit hat, die Umkehr einzuleiten, ist ausführlich dargestellt worden.

Es gibt also keinen Grund mehr zum Pessimismus, es gibt keinen Grund mehr zu zögern, sondern es sollte uns eine Freude sein, dem Leben mit unserer Arbeit aufs neue zu helfen.

Glossar

Biozide: Sammelausdruck für Lebensgifte wie Herbizide (Unkrautvernichtungsmittel), Insektizide (Insektenvernichtungsmittel), Fungizide (Pilzvernichtungsmittel) u. ä.
Bodengare: Inbegriff eines gesunden, fruchtbaren Bodens, der lebendig und in optimalem Krümelzustand ist.
Bodenleben: Summe aller Lebewesen im Boden, bestehend aus Pflanzen und Tieren, von Bakterien, Pilzen über Milben, Spinnen, Käfer, Würmer bis zu Wirbeltieren.
Bodenmüdigkeit: Nachlassen der Ertragsfähigkeit des Bodens, bedingt durch die Verarmung an Bodenleben, wenn oft hintereinander die gleiche Pflanzenart angebaut wird.
Brache: Liegenlassen eines Ackers ohne Anbau einer Nutzpflanzenkultur, damit sich der Acker »erholen« kann, während sich in dieser Zeit verschiedenste Wildpflanzen dort einfinden.
Flurzwang: Zusammenschluß der Parzellen aller Bauern in »Gewannen«, die von allen gleichzeitig bewirtschaftet werden mußten; aus der Fränkischen Landordnung stammend.
Gar: siehe **Bodengare**
Gesteinsmehl: Feinst vermahlenes Gestein, gut geeignet als mineralisches Bakterienfutter.
Grundfutter: Hauptfutter, meist Grünfutter für Rinder, im Gegensatz zum Kraftfutter, das meist aus Getreide besteht und eine hohe Energiedichte hat.
Hauptfrucht: Haupt-Erntefrucht in einer Vegetationsperiode, zwischen Hauptfrüchten können dann noch Zwischenfrüchte angebaut werden, deren Wachstumszeiten kürzer sind.
Krume: Durchwurzelbarer Bereich des Bodens, aufgeteilt in Ober-, Mittel- und Unterkrume.
Leguminosen: Schmetterlingsblütler. Diese Pflanzen sind in der Lage, an ihren Wurzeln mit Hilfe von Bakterien in sogenannten Stickstoffknöllchen Stickstoff aus der Luft zu binden.

Monokultur: Wiederholter Anbau einer einzigen Pflanzenart über mehrere Jahre.
Mykorrhiza: Pilzarten, die mit Pflanzeninseln zusammenleben. Die Pilze dringen in die Wurzeln ein und können sie mit Stoffen versorgen.
Narbe: Grasfilz; Geflecht aus Gras und dessen flachen Wurzeln auf Wiesen und Weiden.
Nitrat: chem. NO^{3-}, eine mit dem Wasser frei bewegliche Form des Stickstoffs, kann in der menschlichen Nahrung giftig wirken.
Pestizide: Siehe »Biozide«; synonym
Symbiose: Zusammenleben von Lebewesen unterschiedlicher Arten zu beiderseitigem Nutzen.
Überweidung: Beweidung einer Fläche mit einer zu hohen Anzahl von Tieren, so daß die Fläche geschädigt wird.
Umlagelandwirtschaft: Bodennutzungssystem, in dem mehrere Jahre Ackernutzung mit Brachejahren abwechseln.
Veraschung: Verbrennung aller brennbaren (Kohlenstoff-) Verbindungen einer Substanz, um den Mineralgehalt (Asche) zu bestimmen.
Verschlämmung: Zerfließen der Bodenoberfläche mit Verdichtung des Bodens durch Abschließen der Bodenporen mit Feinteilchen.
Wurzelunkräuter: Unkräuter, die sich immer wieder aus ihren kräftigen Wurzelstöcken vermehren (z. B. Löwenzahn, Ackerdistel).

fischer perspektiven – fischer alternativ

Günter Altner (Hg.)
Die Welt als offenes System
Band 4168

Hellmuth Benesch
Zwischen Leib und Seele
Grundlagen einer Psychokybernetik
Band 4186

Hans Chr. Binswanger, H. Frisch, H. G. Nutzinger u. a.
Arbeit ohne Umweltzerstörung
Strategien für eine neue Wirtschaftspolitik
Band 4189

Gernot Böhme, Engelbert Schramm (Hg.)
Soziale Naturwissenschaft
Wege zu einer Erweiterung der Ökologie
Band 4172

Hans Bussmann
Computer contra Eigensinn
Was Kinder dem Computer voraus haben
Band 4180

Rolf Cantzen
Weniger Staat – Mehr Gesellschaft
Freiheit-Ökologie Anarchismus
Band 4175

Norbert Copray (Hg.)
Hoffnung schaffen
Wozu Menschen heute glauben
Band 4184

Horst von Gizycki
Arche Noah'84
Zur Sozialpsychologie gelebter Utopien
Band 4163

Klaus Gretschmann
Wirtschaft im Schatten von Markt und Staat
Grenzen und Möglichkeiten einer Alternativ-Ökonomie
Band 4164

Herbert Heckmann, Hans-Martin Gauger (Hg.)
Wir sprechen anders
Warum Computer nicht sprechen können
Band 4179

Klaus Heinrich
Venunft und Mythos
Band 4162

Hansjörg Hemminger
Der Mensch – eine Marionette der Evolution?
Eine Kritik an der Soziobiologie
Band 4165

Bernd Herrmann (Hg.)
Mensch und Umwelt im Mittelalter
Band 4192
(in Vorbereitung)

Hans-Willy Hohn
Die Zerstörung der Zeit
Wie aus einem göttlichen Gut eine Handelsware wurde
Band 4170

K. William Kapp
Erneuerung der Sozialwissenschaften
Ein Versuch zur Integration und Humanisierung
Band 4161

K. William Kapp
Für eine ökosoziale Ökonomie
Entwürfe und Ideen – Ausgewählte Aufsätze
Band 4174

Soziale Kosten der Marktwirtschaft
Das klassische Werk der Umwelt-Ökonomie
Band 4167

Barbara Mettler-Meibom
Soziale Kosten in der Informationsgesellschaft
Überlegungen zu einer Medienökologie
Band 4176

Paracelsus
Vom eigenen Vermögen der Natur
Band 4187

Wolf Schäfer (Hg.)
Neue Soziale Bewegungen
Konservativer Aufbruch in buntem Gewand?
Band 4166

A. Rahimo Täube
Die Lotosblüte bekommt Stacheln
Innere Erfahrung und Gesellschaft
Band 4182

Jürgen Trabant
Menschen und Zeichen
Elemente der Semiotik
Band 4191
(in Vorbereitung)

Alf Trojan (Hg.)
Wissen ist Macht
Selbsthilfegruppen als Befreiung aus der Expertokratie
Band 4173

Fischer Taschenbuch Verlag

Arnim Bechmann
Landbau – Wende

Gesunde Landwirtschaft – Gesunde Ernährung

»*Eine ökologische Umstellung der Landwirtschaft ist technisch machbar und wirtschaftlich sinnvoll.*«

288 Seiten. Kartoniert

Die Bauern beginnen sich gegen die Folgen der Industrialisierung der Landwirtschaft und gegen die Vernichtung Ihrer Existenzgrundlagen zu wehren. Agrarpolitiker aller Parteien, aber auch Konsumenten, suchen nach neuen Lösungen. In diesem Buch wird aufgrund von Studien für eine breitere Öffentlichkeit nachgewiesen, an welchen Punkten eine ökologisch orientierte Landwirtschaft einzusetzen hat und wo die Probleme bei einer langfristigen Durchsetzung liegen. Die Landbauwende läßt sich verwirklichen, sofern die Politiker und die Verbraucher es wollen.

S. Fischer

Anton-Andreas Guha / Sven Papcke (Hg.)
Entfesselte Forschung
Die Folgen einer Wissenschaft ohne Ethik
Fischer Taschenbuch Band 3871

Mit Beiträgen von
Jürgen Altmann, Max Born, Anton-Andreas Guha,
Carsten Klingemann, Matthias Kreck, Rudolf A. M. Mayer,
Günter Neuberger, Sven Papcke, Ekkehard Sieker,
Du-Yul Song, Robert Tschiedel, Hanns Wienhold und
Joachim Wille

Industrie und interessierte Kreise verbreiten auf Hochglanzbroschüren eine Technik-Euphorie ohnegleichen, die sich von der Anwendung neuer Technologien die Lösung aller Probleme (von der Ausrottung von Erbkrankheiten bis zur Beseitigung des Hungers in der Dritten Welt) verspricht.
Weit davon entfernt, Technikfeindlichkeit das Wort zu reden, wird hier auf die Notwendigkeit einer Technologiefolgen-Abschätzung hingewiesen, die bisher leider nur in Ansätzen erkennbar ist. Dazu ist eine intensive interdisziplinäre Diskussion zwischen *allen* Wissenschaftlern, Forschern, Theoretikern und Anwendern notwendig, die endlich auch ethische Fragen miteinschließen muß.
Eine derartige Debatte muß *vor* der Einführung der neuen Technologien stattfinden, damit wir nicht plötzlich vor vollendeten Tatsachen stehen, die uns keinen Handlungsspielraum mehr lassen. Hierzu will dieser Band Denkanstöße geben und erste positive Vorschläge machen.

Fischer Taschenbuch Verlag

INTERNATIONAL FEDERATION of ORGANIC AGRICULTURE MOVEMENTS

INTERNATIONALE VEREINIGUNG BIOLOGISCHER LANDBAUBEWEGUNGEN

Zeitschrift für ökologische Landwirtschaft

Das ifoam-Bulletin erscheint vierteljährlich und enthält Berichte aus aller Welt über Forschungsprojekte und neue Verfahren auf dem Gebiet des ökologischen Land- und Weinbaus.

Darüber hinaus erscheinen Praxisberichte, agrarpolitische Themen, Beiträge zur Diskussion um die „Biotechnologie", aktuelle Kurznachrichten, Hinweise und Berichte von wichtigen Veranstaltungen sowie Literaturrezensionen.

Abonnement-Preis:

24,— DM pro Jahr (Einzelheft 6,— DM)
für in Ausbildung Befindliche (mit Nachweis):
16,— DM pro Jahr

Preise inkl. Versandgebühren und 7 % MwSt. (außereuropäisches Ausland zuzgl. 6,— DM für Luftpost). Abbestellungen nur spätestens 6 Wochen vor dem 30. 6. oder 31. 12. eines Jahres möglich.

IFOAM-Mitgliedsbeitrag:

85,— DM (bzw. 42,50 DM für in Ausbildung Befindliche) inkl. Bezug des „ifoam-Bulletin", „Internal Letter" u. a. Informationen

(Die Preisangaben entsprechen dem Stand vom 11. 1. 1988)

Kostenlose Probehefte:

ifoam-Vertrieb,
Maienfels, D-7156 Wüstenrot

Redaktion:

Stiftung
Ökologischer Landbau,
Eisenbahnstraße 28–30,
D-6750 Kaiserslautern,
Telefon (06 31) 6 42 65

Dagi Kieffer,
Dr. Wanda Krauth,
Immo Lünzer (verantwortlich)
Prof. Dr. Gerhardt Preuschen
Prof. Dr. Hartmut Vogtmann

Wissenschaftlicher Beirat:

Prof. Dr. Dr. Frederik Bakels Universität München; Dipl. Ing. Arch. Dr. techn. Helmut Bartussek, Referent für Landw. Bauwesen, Irdning. Prof. Dr. Hartmut Bick, Universität Bonn; Prof. Dr. Hans Christoph Binswanger, Hochschule St. Gallen; Prof. Dr. Kurt Egger, Universität Heidelberg; Prof. Dr. Jost M. Franz, Darmstadt; Prof. Dr. Reinhold Kickuth, Gesamthochschule Kassel; Prof. Dr. Dietrich W. Knorr, Delaware/ USA; Prof. Dr. Werner Koch, Universität München; Dr. William Lockeretz, Cambridge, Massachusetts; Dr. Bernd Lötsch, Wien; Dr. T. Rautavaara, Helsinki 26

Herausgeber der deutschsprachigen Ausgabe:

STIFTUNG ÖKOLOGISCHER LANDBAU